一期一会

鲷与羊

莫邦富 /著　　杨本明 /译

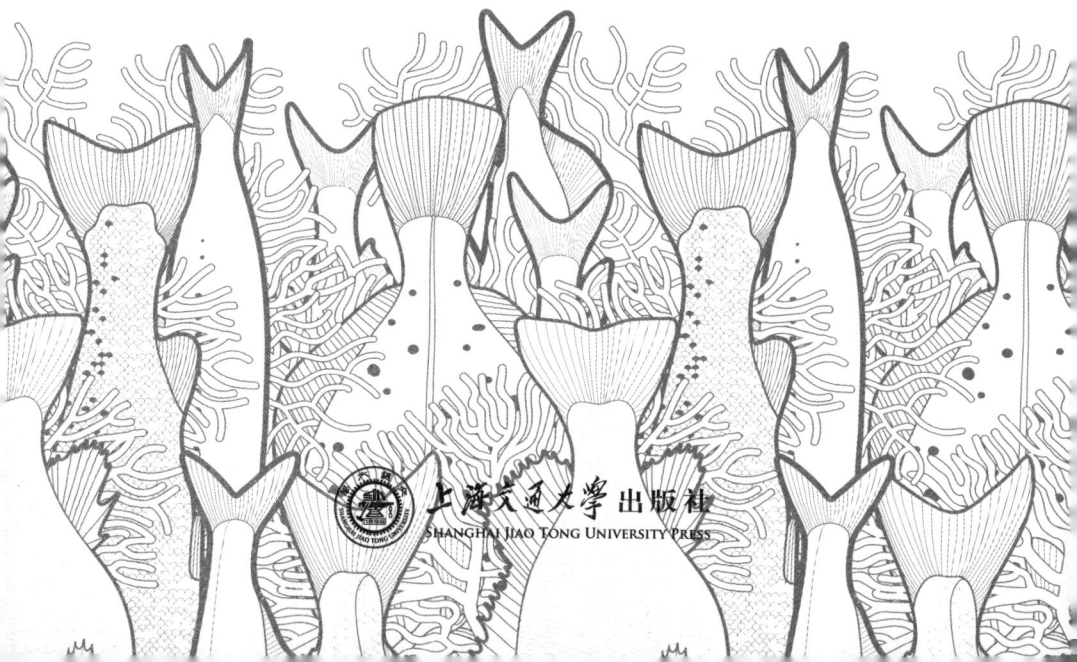

上海交通大学出版社
SHANGHAI JIAO TONG UNIVERSITY PRESS

内容提要

本书从饮食文化的角度切入，趣谈中日文化的差异。从"海洋文化"到"大陆文化"，由"吃"及"文"，从餐桌上追溯两国语言文字的源流，再从这一源流回归生活日常的文化百态，从而展现中日文化碰撞中的妙趣，可谓是舌尖上的中日文化宝典。

图书在版编目(CIP)数据

鲷与羊 / 莫邦富著; 杨本明译. —— 上海：上海交通大学出版社, 2017
（一期一会）
ISBN 978-7-313-16836-8

Ⅰ. ①鲷… Ⅱ. ①莫… ②杨… Ⅲ. ①比较文化–中国、日本–文集 Ⅳ. ①K313.03–53

中国版本图书馆CIP数据核字（2017）第064567号

鲷与羊

著　　者: 莫邦富
出版发行: 上海交通大学出版社
邮政编码: 200030
出 版 人: 郑益慧
印　　制: 常熟市文化印刷有限公司
开　　本: 787mm×960 mm　1/16
字　　数: 101千字
版　　次: 2017年5月第1版
书　　号: ISBN 978-7-313-16836-8/K
定　　价: 49.80元

译　　者: 杨本明
地　　址: 上海市番禺路951号
电　　话: 021-64071208
经　　销: 全国新华书店
印　　张: 14.5
印　　次: 2017年5月第1次印刷

写在《鲷与羊》出版之际

《鲷与羊》一书交由海龙社出版，此事对于作者而言意义非凡。

迄今为止，我在日本已经出版了50多册书，自己写的东西变成铅字，作为单行本在市场上流通，对我而言已经习以为常。因此现在每当新书出版之时，我早已不再有处女作付印时那种欣喜若狂的感觉了。但是这本书不同，它仍然给我以格外的欣喜。因为这本书是我收回著作权尝试再次出版的第一部作品。

1998年，这本书由河出书房新社出版发行，书名是《中国人所看到的不可思议的日语》。

主题是我在上海外国语大学执教之时就一直在酝酿的。1990年代后期，看到日本的中文学习人数剧增，我想："不久，这些

中文学习者都将成为中日交流的大使，为了让他们了解中日文化的差异，我想在语言学习阶段就有必要强调一下：中国和日本两国是具有不同文化背景的两个国家。"

于是，怀着多少要为中国人和日本人的相互理解做出一点贡献的想法，从1997年开始，就以"通过语言来看文化的差异"这一题目开辟了专栏，在aruku出版社发行的《月刊日本语》上面连载。1998年，以这些连载为蓝本，又添加了一些内容写就了《中国人所看到的不可思议的日语》一书。2002年，该书作为日经商务人士文库之一被收录出版文库本。

几年前，有不少读者来电垂询："我想阅读这本书，去哪里可以买到？"我一一回复他们，"问问出版社，应该能买到"、"网上搜一下就能找到"。最后书店也打来电话找这本书。我觉得奇怪，就跟出版方联系了一下，对方告知："由于出版方针发生变化，决定不加印了。"

同时，我不断收到一些要求我以"我所看到的不可思议的日语"为主题的演讲邀请。2008年7月，在东京都举办的中文日语演讲比赛，也要求我用这个题目做特别演讲。这显然是受到拙作《中国人所看到的不可思议的日语》一书的影响。演讲结束以后，听众和在大学学习中文的大学生都来咨询要买这本书。

但是，市场上已经买不到这本书了。今天日本的出版界为攫

取利润都讲究一本万利，我对此感到颇为不满。在价值观多元化的今天，为何不能认真应对读者的多元化需求呢?

中文中有个成语叫"细水长流"。扑面而来的滚滚洪水会转瞬间不见了踪迹，而那涓涓的细流却能在山间长流不息，我想这一道理同样适用于商业领域。看看我此前的操刀之作，也可以这么说。译著《中国可以说不》正是短时间奔涌而至的洪水，一度洛阳纸贵，但是畅销的时间极为短暂。从这种意义上来说，《中国人所看到的不可思议的日语》正属于细水长流的类型。可是，今天日本的出版界逐渐失去了应对"细水长流"类型书籍的经济实力，无法脚踏实地地去满足读者的需求了。出版界遭遇了产业结构调整的狂风暴雨，我无意批判他们。出版社为了各自寻求生存之道，也正在进行各种探索。

但是，从作者的角度来说，既然读者和市场需要这本书，满足他们的需求就是我的责任。于是，我决定自己采取行动。痛下决心收回了该书的出版权，再次寻找有意出版的地方。我对书的内容非常自信，所以坚信这本属于"细水长流"类型的图书一定能够再次送到读者手边。

幸运的是我的判断没有失误。不久就有出版社向我伸出了橄榄枝，同意出版这本书。该出版社就是海龙社，在添加了一部分新的内容之后，本书得以重新和读者见面。

谨对愿意出版本书的海龙社下村忍子社长和爽快答应担当本书编辑的藤波定子女士表示衷心的谢意，对迄今为止一直孜孜不倦四处寻找本书的各位读者表示诚挚的感谢。如果没有你们的支持，就不会让我下定决心重新出版这本书。从这种意义上来说，正是因为各位读者的热情支持，这本书才得以涅槃。

　　本书想通过饮食生活当中不可或缺的鱼、肉等相关联的词汇和表述，以穷尽中日文化的差异。本来我想以三部曲的形式出版的，续篇为通过考察山峦等地理词汇与表述，以及梅花、樱花等植物词汇和表述，多重视角地来分析中日文化的差异。也就是说本书是作为三部曲的第一部来执笔的。

　　可是，本书出版以后，我为其他类型书籍的执笔所累，疏于对其续篇的研究和执笔，一直拖到今天。值此海龙社出版本书之际，再次激发了我挑战先前遗留课题的欲望。我想总有一天能把续篇送给各位读者朋友。

　　最后，地久天长，希望读者能够一直喜欢这本书，就此搁笔（不，是停止敲键盘）。

2009 年 6 月 20 日

莫邦富

目 录

鲷与羊

源自海味的文化和源自山珍的文化

鲷和骆驼 —— 各自的关键词

白鱼和凝脂 —— 美女的代名词

愁煞人的鱼和家畜

你能分别叫出猪肉和鱼肉各个部分的名字吗？

中国人的忌口，日本人的补品

1

与日语的不期而遇

时间飞逝，与日语相逢已近四十年。对于年轻时曾梦想做一名诗人的我来说，和日语的相逢完全是一场偶然的邂逅。

20 世纪 70 年代前期，我被下放到中国与苏联边境的黑龙江边。那个时期的中国，城市青年人被分配到乡下，这被称之为"下放"或"下乡"。作为 1623 万离开城市的青年人当中的一员，我被下放到了有"中国的西伯利亚"之称的黑龙江省，并且是黑龙江省最为偏远的地方——与原苏联（现俄罗斯）接壤的黑龙江之滨。

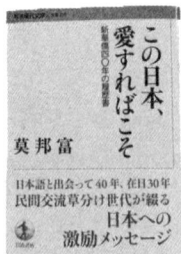

当时，只允许两年探亲一次。1973 年早春时节，我回上海探亲，一个偶然的机会我与日语相遇了。有一天下午，我到如今已经成为城市副中心的徐家汇的一家书店去，想要看一看有没有刚出版的诗集。当我看到书店门口堆积如山的书籍时，便好奇地拿起了一本，这便是我和日语的邂逅。

日本人是如何使用仅有"a、i、u、e、o"这五个元音的语言来表达人类丰富的情感的呢？我感觉到一种神秘的魔力，立马下定决心要学习日语。

日后，我在拙作《这就是我所热爱的日本吗？》（日本岩波书店出版，2014 年末，"岩波现代文库"出版了该书的文库本，并改名为《この日本、愛すればこそ》（中文译名暂定为《莫谈日本只因有情》）一书中，记述了当时的心情。

"刚满 20 岁的文学青年的想象力如天马行空般丰富。真希望有一天，我能伫立在东京银座的街头，倾听情人路过时的喃喃细语、初老绅士的轻声叹息和异国霓虹灯下的交相问候。如果能

鲷与羊

够亲自感受一下讲日语的国度和人民所生活的这个社会，该是一件多么美妙的事情呀。而且，说不定我能写出许多充满新鲜感和异国情调的诗歌。"

　　但是，正如上面所写的那样，当时，我的想象力并没有超越在都市成长起来的青年人的知识范围。实际上，当我开始专业学习日语，特别是以后在上海外国语大学站上讲坛开始教日语之后，我才深深地被日语中所潜藏的农耕文化的芳香和海洋文化的基因所吸引，通过对中日两国语言的比较，深化了我对日本社会和日本人的理解，也加深了对祖国中国和母语中文的热爱。语言所特有的魔力让我深陷其中，不能自拔。

能仁立在东京银座的街头，倾听情人路过时的喃喃细语、初老绅士的轻声叹息和异国霓虹灯下的交相问候……

2

畅游在日语的海洋、
品味语言的芳香

前几天，我从中国出差回来，在东京自己家的书斋里浏览外出期间积攒的报纸等，享受片刻闲暇的时光。看到 2009 年 4 月 10 日《朝日新闻》晨报一篇上题名为《在都市周边找寻日本故里》的连载文章。有一则标题为《昔日候鸟栖息地，今日遭遇突变》的新闻这样写道：

"鹬、白鸽在居民楼和住宅区附近飞舞，平时很少出现在海边的赤咀鸥也时常可见。福冈市的和白海滩以候鸟的栖息地而闻名。冬天有近万只栖息于此，春季退潮后亲子一同赶海，热闹非凡。

"56 岁的片冈佐代子 4 年前从东京搬到这里，从她家里可以俯视整个海滩。她被海边的鸟儿所吸引，穿过巷子来到了海滨。因地处博多湾深处，此处的大海风平浪静，住宅区和海滨之间甚至连海堤都没有。大海退潮之后裸露的沙质海滩绵延几百米，远处是一片寂静的大海。她第一次切身感受到了'远浅'一词的意义。"

"远浅"一词引起了我的关注。因为我嗅到了多年来在日语研究中所追逐的题目的气息。

我虽然明白"远浅"一词的意思，但是不能立刻找到确切的中文译文。查阅了词典，我的疑惑也如实地突现了出来。比如1979年辽宁人民出版社出版的《新日汉词典》中是这样解释的："浅滩（离大海或河岸很远）或近海浅滩。"大概因为没有相对应的专有名词，所以才加上了"离大海或河岸很远"的注释。在2002年日本小学馆出版的《日中辞典》（第二版）中，或许是为了尽量把它翻译得像专有名词那样，遂将其译为"平浅滩"。

　　但是这两种译法如果反过来翻译，也就是从中文还原翻译成日文的话，就无法译回"远浅"一词了。

　　中文辞典中没有"平浅滩"一词。也许它是一个用于与海洋相关的专业术语，但在现代汉语规范词典《现代汉语词典》（商务印书馆出版）等工具书中却没有收录，这个词对于中国人来说也许是一个不太常用的词汇。另一方面，不管哪本中日词典都把"浅滩"翻译成了"浅濑"。

　　"远浅"在日语中是一个很普通的词汇，一旦要译成中文，

却变成一件极为棘手的事。

说到"远浅"，我们会想起诸如"远浅之海"、"有明之远浅"（佐贺县有明海）、北海道的"远浅站"等词汇或地名；会联想到洁白的沙滩、平静的波浪等。如果将"远浅"限定为春天和初夏的背景下的话，视野里甚至会浮现赶海、拾贝壳等风景。赶海甚至被用作描述春天的专用词汇，但也可以视为迎接夏日的风景诗吧。

我甚至从"远浅"一词中感受到了大海的气息，它飘逸到了毗邻东京湾的我家的客厅。

就这样，在日常生活当中，对日文和中文进行比较，享受探索所带来不时的乐趣已经悄然成为我的生活习惯。

要说起这种生活习惯是如何形成的，必须从 20 世纪 70 年代末期中国改革开放政策开始实施的时候谈起。

从那时开始，我就开始探索日文和海洋文化的关系、挖掘潜藏于中文里的畜牧文化的基因。

3 《起风了》与鲷鱼

从某种意义上说，日本电影是伴随中国的改革开放登上历史舞台的。在改革开放初期，观看日本电影是了解外部世界的一条捷径。

当时，我还在上海外国语大学教日语，疯狂地迷恋上了日本电影。有一天，和表妹一起去看电影，这部电影以堀辰雄的小说为蓝本，名字叫《起风了》。

现在已经记不清电影的具体细节了，只记得在电影中，年轻的男主角喜欢上女主角节子，礼拜天经常去她家里玩。虽然当时是战争年代，但是由于节子的父亲是外交官，男主角每次去她家里总能受到一番款待。他不无感慨地说："能够见到节子自然是很高兴，每次都能享用到普通老百姓无法享受的美味佳肴对我来说也是致命的诱惑。"

男主角接着说"上个礼拜天，在节子家吃了鲷鱼。"我不由得惊叹道："在战时还能吃到鲷鱼！"但是，当时坐在我旁边的表妹眼睛一直盯着屏幕，并没有表现出丝毫的惊讶。

现在我早已熟知这一道理——"在翻译介绍外国的文学作品或电影等时，必须充分考虑到其背景的文化差异"，但是当时我还是第一次觉察到这一点。

把电影《起风了》当中的台词译成中文的是我所认识的一位有名的中国女翻译家。她的译文忠实于原文，没有可以挑剔的地方。但是，正是因为台词翻译得过于忠实于原文，才让我感到很不满意。因为中国人对于鱼中珍品鲷鱼没有丝毫概念。

4

在日本鲷鱼是喻示吉祥的鱼中珍品

在日本，鲷鱼被视为名贵食材。因其味美色佳，在婚礼等喜庆宴席上，为取其谐音，图个吉利，鲷鱼几乎是必备菜肴之一。实际上，就算是去餐馆吃饭，鲷鱼这道菜也是价格不菲的。

我们通过观察日本人的语言习惯，也能发现"鲷鱼"的地位显赫。比如日语中有"即便臭了也是鲷鱼"（原文为"腐っても鲷"这样的说法。《角川国语中辞典》（角川书店）解释为："鲷鱼乃鱼中之王，即便腐臭了仍然具有其他鱼类不具备的优点，据此引申出有身份的王宫贵胄纵然家道衰落，仍然气度非凡的意思。"《国语大辞典》（小学馆）则解释为"通常指淡红色，体侧带有散在小斑点的真鲷。因外观漂亮，味道鲜美，在日式菜中被视为鱼中之王，深受重用。读音又和'可喜可贺'（日文为'めでたい'）一词谐音，自古以来被用于喜庆宴席"。

日本的古书、古典当中有许多关于鲷鱼的记载。从这些记载当中也可以"窥斑见豹"地体察到鲷鱼自古以来就深受日本人喜爱的事实。

元禄八年（1695），时年 74 岁的人见必大（人名）编写了鲷鱼身为"鱼中龙凤"被视为可"通达神灵",甚至被视作"身居高位者的食物"

一部名为《本朝食鉴》（全12卷）的书，此书作为江户前半期的食谱类书籍获得了"内容详尽，涉猎广泛，利用价值高"的美誉。书中有一章为"八、江海有鳞"。在该章节当中，关于可食用的河鱼和海鱼有不少饶有趣味的记载。

其中关于鲷鱼的记载，可用现代文笼统地概括如下：

"鲷鱼在日本所产之鱼当中乃百鱼之王，外形端正，颜色俊美。居于水中之时，可见红色鱼鳞熠熠生辉。自古用作寺院祭祀之物，也供奉给身居高位者食用，由产地直接进献。所以在宗教仪式和宫廷宴会上经常位列菜单当中"。

甚至有这么一说，吃鲷鱼，能通达神灵，可延年益寿。因此一般家庭也争相效仿，在弱冠、结婚等宴席上，使用鲷鱼成为一种固有的习俗。

鲷鱼身为"鱼中龙凤"被视为可"通达神灵"，甚至被视作"身居高位者的食物"。从这些记载当中不难想象鲷鱼是何等珍贵。作为"鱼中之王"的威严被分毫不差地描绘了出来。

回溯历史，查阅《古事记》、《万叶集》等现存最古老的书籍，也可以发现很多关于鲷鱼的记载。特别是下面这首出自《万叶集》的和歌给人留下了深刻的印象。它很好地阐释了鲷鱼是如何成为古代日本人美食的。

酱醋调配蒜，独好鲷鱼宴。

稀粥雨久花，让人徒生厌。

这是吟咏"醋、酱、蒜、鲷鱼、雨久花"的和歌（《万叶集》十六、有因缘的杂歌3829）

岩波书店出版的日本古典文学大系列《万叶集》的现代文翻译是这样的："酱醋中添加大蒜做佐料，正期待一顿鲷鱼盛宴，切勿给我看雨久花做的羹。"

看看和歌中吟咏的食用方法和佐料，似乎同现代日本人的饮食习惯并无二致。使用真鲷鱼头制作的"鱼头汤"至今仍是具有代表性的鱼类菜谱之一。

因此，可以说没有任何鱼能像鲷鱼一样如此深受日本人的喜欢和爱戴。

5

可是，即便是普通的鲷鱼，在中国人的饮食生活当中也是很少见的。如果不相信的话，我们不妨做一个小测试。

写下一个"鲷"字，问一问身边的中国人这个汉字的读法。正确的读音应该是"diāo"，恐怕大多数中国人都读不出来吧。

查阅一下在中国经常使用的《现代汉语词典》（商务印书馆），对"鲷"解释为"鱼类的一种"。在简单介绍其形状之后，又轻描淡写地补充道："生活在海中，一般指真鲷。"

我曾听到过一位中国女留学生发牢骚。她来我家里玩，妻子做了鱼款待她。在风卷残云之后，她不无感慨地说："好长时间没吃鱼了。我每次去超市买东西，最让我头疼的就是日本的鱼真是太少了。"妻子和我听了之后百思不得其解。日本四面环海，要说到点缀餐桌的鱼的种类，应该是中国的好几倍。可是，她却放言"在日本可妆点餐桌的鱼真是太少了"。妻子反问道："哪有那种事！去超市的话，不是有各式各样的鱼吗？"

她接着回答道："的确种类是不少，但是，不是淡粉色的鱼，就是淡青色的鱼，尽是些让人感到毛骨悚然的鱼，完全没有想吃的欲望。"

虽然留日时间比较短，生性好强的她的确是一语击中要害。

我和妻子忍不住笑出声来。在中国的餐桌上，榜上有名的多是些带鱼、黄鱼等白色鱼肉的鱼。颜色鲜艳、淡粉色的鲷鱼和淡青色的鲐鱼则很少吃。因此大多数留学生在刚抵达日本的时候，去超市看到冷柜里面放着的五彩斑斓的鱼，不由得心生抵触，就失去了购买的欲望。

可是，有人却认为这是商机。在东京 JR 上野车站附近，有一条名叫阿美横町的购物街。在购物街两侧商务楼的地下有好几家中国食材店。店家看到随着最近几年中国留学生的剧增，这些留学生又唯独钟爱白色鱼肉的鱼，于是便大量采购黄鱼、带鱼。于是，口碑越来越好，许多中国留学生都来这些商店买东西。买卖自然是越做越好，店家为了迎合中国留学生的爱好，又把童子鸡（不足 5 个月的雏鸡）、大闸蟹、甲鱼、鱿鱼干、被视为淡水

鱼之代表的鲫鱼等作为基本商品备存。

但是，由于这些商店里的店员和店主态度蛮横，毫无服务精神，使人感到一踏入这些商店，就仿佛乘坐时光机器，又回到了从前。这两三年，在新华侨集聚的池袋、大久保等地新开了几家商店。根据竞争原理，服务水平和服务态度也许多少好些了吧。

6 翻译之难

　　闲话少说，书归正传。表妹对鲷鱼没有丝毫的概念，对于日本电影当中突然冒出来的鲷鱼，她认为不过是国人常吃的黄鱼、带鱼而已。所以并未显露出丝毫的感动和惊讶，而是继续看《起风了》。

　　我对于电影台词的中译文的不满之处正在于此。

　　的确这句译文忠实于原文，遵守了翻译的基本准则。诚然忠实于原文是翻译的基本准则，但是翻译又必须把原文所要传达的信息百分之百地传达给外国人，此处主要指传达给观众。别忘了实现"达"这一目的也是翻译的基本准则。这句电影台词没有考虑到中国人的饮食生活习惯，只达到了"形似"，如果用是否百分之百地传达原文信息这一标尺来衡量的话，尚未达到"忠实于原文"这一目标。

　　也就是说，原文中青年人吃到鲷鱼后的感动、战时许多日本人经历过的物资穷困之苦并未传达给像表妹那样的外国人。同样这句台词背后对和平生活的向往也没有充分表现出来。

如果让我来说的话，我认为这种情况下，即使牺牲了形式上的忠实，也应该追求实际的效果。如果让我来翻译的话，我想这么翻译："上个礼拜天，在节子家里吃了顿鲷鱼大餐（或"上个礼拜天，在节子家里吃到了如今已经难以弄到手的鲷鱼。"）

　　的确，原文中没有"鲷鱼大餐（很难弄到手）"这样的句子，但是，如果能通过加译把原文中的信息尽可能多地传达给中国观众的话，我们难道不应该放弃形似而追求更高层次的神似吗？！

　　看人挑担不吃力。在一旁对别人的翻译说三道四容易，一旦自己来翻译的话，说不定会犯更大的错误。可见，以外语为媒介介绍其他国家的文化并不是一件轻而易举的事情。

鲷与羊

7
隶属畜牧文化圈的中文

在此，我想强调一下日语的特点。因为日语深受海洋文化的熏陶，与之相关联的词汇就非常多。反之，中文是在拥有浓厚畜牧文化的背景下发展起来的语言。从中国人日常所使用的词语中很容易就能找到同牲畜有关的要素。比如把"即便臭了也是鲷鱼"这句谚语译成中文的话，就成了"瘦死的骆驼比马大"。

说明某种事情的时候，虽然中文和日文都使用了汉字。但是，一种语言是借用海洋中的鱼来表达，一种语言是借用陆地上的家畜来表达。这是一种很有意思的现象。

可以说这种语言表达的差异是由于文化背景或文化环境的差异所造成的。也就是说日本文化属于"海洋文化"，中国文化属于"畜牧文化"。

中文当中有许多像"羊群里头跑骆驼"这样的谚语和表达方法。它们跟"瘦死的骆驼比马大"非常类似。

我想通过"即便臭了也是鲷鱼"和"瘦死的骆驼比马大"这两个典型的事例来说明语言之间的差异。当然此处所出现的"鲷

鱼"和"骆驼"只不过是一个关键词而已。至于是"鱼"、是"马"，还是"骆驼"都无所谓。只因恰好有"即便臭了也是鲷鱼"和"瘦死的骆驼比马大"这两个可以形成鲜明对照的例子，我才以此为例切入本书的正题。此处只不过是把"鲷鱼"和"骆驼"权且当作代表日本文化和中国文化的关键词而已。

日本文化属于"海洋文化"，
中国文化属于"畜牧文化"。

1

海螺般的
小嘴和
鱼一样的
手指

在前一章节当中，分别通过"鲷鱼"和"骆驼"指出了日语中所包含的海洋文化的要素和中文当中所含有的畜牧文化的色彩，下面将从不同角度继续进行验证。

读小说或诗歌等文学作品时，有时会遇到对于人的容貌的描写。我的日语是在上海的大学学习的。有一段时间，我胡乱读了不少日本的文学作品。在当时的中国，因为没有教授日本文学的老师，所以我没能够系统地学习。可是当时说不定第二天就要被赶上讲坛教日语，我自己不得不摸索着学习日本文学。

当时我的读书生活大概是这样子的：刚阅读完井上靖的作品，马上又开始品味二叶亭四迷的作品；数日沉溺于夏目漱石的《哥们》之后，又转身投入有吉佐和子的《非色》的世界。现在想想当年的岁月，真的是奢侈在书斋了。

　　可是，这种乍一看毫无头绪（实际上也是）的读书生活，让我发现了有趣的东西，经历了相应的感动。

　　比如，在描述漂亮女子的朱唇和她洁白、纤细的手指时，二叶亭四迷在他的《浮云》当中是这样描写的："手腕像细芦菔一样纤细，玉指洁白宛如五条并排的银鱼，手里握着一把团扇，遮住海螺般秀气的小嘴，漏出一种娇羞的神态。"

　　把女性的樱桃小嘴比作"海螺般秀气的小嘴"，这是中国作家万万想象不到的，把手腕比作"细芦菔"、手指比作"五条并排的银鱼"也是中国人脑海里没有的描写方式。与其说是惊叹于作家二叶亭四迷的观察能力和描写技巧，倒不如说是为在海洋文化强烈影响下生存的日本人的智慧所折服。当然，中文当中并非

没有使用水产品，特别是海中鱼类来描写美女或其他人的例子，但是以我的读书经验（当然，仅限于中国文学），至少我没有碰到过《浮云》当中这样的表述。

手腕像细芦苇一样纤细，玉指洁白宛如五条并排的银鱼，手里握着一把团扇，遮住海螺般秀气的小嘴，漏出一种娇羞的神态。

2

从蠕动的
鲍鱼联想的
到男性
睾丸的

可是，这样的例子在日本文学当中不胜枚举。以下就是一部分具有代表性的例子。

"我这几天在不断地寻找雇主，每天回到家里都累得像瘫软的鱼肠子……"（林芙美子《放浪记》）

"从牡蛎壳那样布满层层褶皱、松垮瘫软的眼皮底下散发出一丝柔弱浑浊的目光，恍惚地投射在火炉上……"（小林多喜二《蟹工船》）

"在细腻的肌肤之下，脸颊的肉像水母一样蠕动着，用手摸上去感觉不到任何的弹性，让人觉得毛骨悚然。"（圆地文子《冬红叶》）

"宫子趁甲谷不注意，半边脸上突然露出如鱼鳞般鲜明的嘲笑。"（横光利一《上海》）

"因为这是一位长得像老虎鱼一样，额头和颊骨都暴突出来的中年男性。"（远藤周作《海和毒药》）

"用海螺般的拳头猛击了我的脸骨。"（正宗白鸟《光秀和

/

绍巴》）

"握住草野的那只手像是碰到了龙虾一样恨不得马上缩回来。"（三岛由纪夫《假面的告白》）

"右侧的睾丸像是鲍鱼一样上下蠕动……"（谷崎润一郎《键》）

"总之,那是一张日本人的脸。完全跟刺虾虎鱼一样……"（伊藤整《鸣海仙吉》）

如果让我把这些句子翻译成中文的话，恐怕要大伤脑筋了。因为中国人很难从睾丸的浮动联想到鲍鱼的蠕动。

我多少也算是个懂日语的人，但是我实在难以想象长着刺虾虎鱼那样额头和颧骨的男人究竟是怎样一副模样。

3

杨贵妃之美

中国人生活在畜牧文化色彩浓厚的环境中，他们对于拿家畜和其副产品来做比喻的描写会倍感亲切。在日本，要说起最知名的中国诗人，恐怕非唐代（618-907年）的白居易莫属了。他在《长恨歌》中以"春寒赐浴华清池，温泉水滑洗凝脂"一句盛赞了绝世佳人杨贵妃入浴时的绝代风姿。

也就是说，可以把女性洁白、美丽的肌肤比作凝脂。所谓的凝脂指的就是凝固的油脂。中国人用它来比喻洁白、柔软的肌肤。

中国古代的诗人、文学家用"凝脂"一词来盛赞女性白皙、柔滑、有光泽的肌肤并非是肆意而为的。在中国的文学作品中很容易找到诸如"肤如凝脂"之类的描写。

在中文当中使用"腻理"一词来表示女性的肌肤柔滑细腻，同时这一词汇也用来形容女性面貌姣好。"腻"字原指"油腻"、"柔滑"之意，所以有时把肤色油润的样子也称作"肪腻"。

用此类词汇来表现女性美丽的肌肤，这如实地反映了中国人的价值观念和审美意识。这种表述也同畜牧文化有很大的关联。

虽然改革开放之后，中国人的生活水平有了迅速提高，但是十几年前，我家里也曾把"猪油"当做食用油来使用。我的事务所有一位负责管理电脑的中国人，他现在还时常说："想吃一顿猪油炒饭。"他很怀念猪油特有的香气和味道。

　　使用生活当中不可或缺的东西来赞美漂亮女人身体的某一部位，在这一点上，中日两国人民是不谋而合的。不同的是，日本人用海里的东西来打比方，中国人则使用身边的家畜或其加工品来比喻。

　　还有一个例子。

　　此前，我曾在周刊上读过这样一段文字："我的皮肤像鲨鱼皮？别信口开河了。开什么玩笑，我要是鲨鱼的话，你就是鲻鱼。"这是一位妻子被丈夫挖苦皮肤像鲨鱼，她生气之后做出的反击。

　　那么，究竟什么样子的皮肤算是鲨鱼皮肤呢？三浦朱门《箱庭》中有一小段文字对此做出了说明。

　　"大腿光秃秃的，毛孔密密麻麻地微微隆起。所谓的鲨鱼皮肤大概指的就是这种皮肤吧。"

也就是说，日本人把粗糙、干燥的皮肤称作"鲨鱼皮肤"。

而中国人把这种皮肤叫做"鸡皮肤"。顺便说一下，在遇到冷空气或受到惊吓，人的皮肤也会反射性地收缩，汗毛倒立，看起来疙疙瘩瘩的样子叫做"鸡皮疙瘩"，和日语当中的"鸟肌"意思完全相同。

使用生活当中不可或缺的东西来赞美漂亮女人身体的某一部位，在这一点上，中日两国人民是不谋而合的。

4

关键词 ——羊

进一步深究中国人的这种想法的话，会发现它和羊、鸡、马等家畜有着密切的关系。其中特别是"羊"字地位显赫。

看一看用来形容女性漂亮的"美"字。现在说美人、美女、美丽、美貌主要是"漂亮"的意思，而在古汉语当中，它主要是"味道鲜美"、"好"的意思。这种使用方法至今在中文当中仍有保留。

比如把"好吃"说成"美味"、把精通美食的人叫做"美食家"、把"好吃的饭菜"称为"美餐"。给他人介绍对象是为他人做好事，所以会得到"成人之美"的赞誉。他人所展示的好意叫做"美意"，好事、善事称为"美事"。美好的声誉是"美称"，值得称颂的事情是"美谈"。

"美"字由"羊"和"大"两部分组成。造字之时，大概是出自"羊大为美，主给膳也"的想法吧。

"養"字也是源自同样的想法。由"羊"、"食"两个字组成的"養"字，除了"供给食物、照顾"的意思外，还有"养育"、"饲养"、"保养"、"培养"、"供养"等意思。

古代中国人的生活真的是无"羊"难谈呀。

源自海味的文化和源自山珍的文化 /

5 羊亦是财产

看到别人日子过得比自己富足，不由得心生"艳羡"之情，仔细观察此处的"羡"字，里面仍然含有一个"羊"字。

对古代的中国人来说，羊也是财产。

读一读中国最古老的诗集《诗经》，很容易发现在古代中国，拥有很多羊就是有钱人的标志。所以从价值观内藏于词语里面这层意义上来说，"羡慕"、"眼羡"的"羡"字都含有一个"羊"字。

那么，主要意思是"好"之意的"美"字为何又衍生出"美女"、"美貌"等"漂亮"的意思呢？此处让我们展开想象的翅膀来思考一下吧。

那些生活安定、以家畜肉等高营养的东西为食物的人常被当做资产富足的有钱人。在古代中国，也把有钱人称为"肉食者"。与不吃肉的人相比，经常吃肉的人血色好、肤色美、发育状况良好。于是，营养充分的人看起来就漂亮、外表好看。或许这样一来，代表"好"之意的"美"字就衍生出"美丽"的意思了。

代表价值观的"義"、"善"等文字也是出自同样的考量。

我们接着思考一下，"羊"和"善"是如何联系在一起的。古代中国人在饲养羊的过程中，发现羊性格非常温顺，对主人言听计从。于是在造字之时，就取"羊"字作偏旁，用来代表"善"这一价值观念。

如实地赞美漂亮女性是很常见的语言现象，没想到的是，文化环境的差异却对它产生了如此大的影响。当觉察到这一点时，我忍不住再次惊叹，原来平时我们不经意间所使用的表达方法、词汇竟然是如此的博大精深。

对古代的中国人来说，羊也是财产。

1 不可译的词汇

学了日语之后，我明白了两件事情。

第一件事，除了发音等稍微需要一点先天性才能的领域之外，能否学好外语、用好外语，很大程度上取决于学习者的母语水平。

第二件事，无论外语水平和母语水平有多么高，两种语言之间绝对有许多无法精确翻译的词汇。

无论口译者还是笔译者，无论他的水平有多么高，无不被这些词汇伤透了脑筋。

可是，不翻译却想蒙混过关也是不可能的。因为许多情况下，

这些词语往往很好地反映了这个国家或民族的文化。这就对译文的准确性和易懂性就提出了更高的要求。

和服、日式房屋、与茶道相关的术语，就是这类词汇的代表。

比如"土间"、"襷"两个词。这对日本人来说是普通得不能再普通的两个词汇了。我在中国也一直翻译日本的小说、电影剧本，但是对于我来说，没有什么词汇比这类词汇更让我伤脑筋的了。

这类词汇的翻译非常难。因为中文当中没有完全对应的词汇。与海洋、鱼类相关的词汇也是如此。本书开篇部分所提到的"远浅"一词就是一个很好的例子。

　　从海洋文化和畜牧文化的视点进行论证的话，这些让人烦恼
的词汇堆积如山。以鱼的名字为例来看一看。

　　日本人餐桌上常见的鲻鱼（ボラ。音译为宝拉），全长80厘米。
它在成长的各个阶段都有不同的名称。刚孵化出来的小鱼叫"奥
宝考（音译，日文为オボコ）"或"斯巴犀利（スバシリ）"；长
到18—30厘米时叫"娜腰细（ナヨシ）"或"伊娜（イナ）"；
成熟后，回到海里时叫"宝拉（ボラ）"；个头极大的成鱼又叫"涛
岛（トド）"。

　　顺便说一句，据说"とどのつまり"（归根结底）一词中的"と
ど"就源自"涛岛"。

　　在成长的不同阶段，出世鱼"宝拉"的名称都会随之发生变
化，最后成为名叫"涛岛"的大鱼。据此产生了"とどのつまり"
这一词语，意思是"归根结底"。

　　这类词语并不仅仅限于"宝拉"这种鱼，在日语中，把成长
阶段不同、名称发生变化的鱼叫做"出世鱼"。除了鲻鱼之外，

还有鲈鱼和沙丁鱼、鲕鱼等等。

还有小型金枪鱼叫做"扫机(ソジ)",大型金枪鱼叫做"喜碧(シビ)"。读一读《本朝食鉴》,里面有更复杂的记载:最小的金枪鱼叫"马机卡(マジカ)",颜色乌黑的称作"扫机(ソジ)"。

"加考(ジャコ)"和"新考(シンコ)"是对斑鲦幼鱼的称呼。如果长到10厘米左右就被叫做"考哈达(コハダ)"或"此纳西(ツナシ)"。

"哇咔系(ワカシ)"、"伊纳达(イナダ)"、"哇拉萨(ワラサ)"、"部里(ブリ)"都是鲕鱼的别称。在东京,这些名字依次用来称呼大小不同的鲕鱼。好像各个地区之间有竞争意识一样,在大阪,对于大小不同的鲕鱼则依次称之为"次拔丝(ツバス)"、"哈马奇(ハマチ)"、"麦基劳(メジロ)"、"部里(ブリ)"。"哈马奇"是鲕鱼的幼鱼,全长40厘米左右。本来是关西地区对鲕鱼的叫法,现在用来指养殖的鲕鱼,这一用法也扩展到了全国。

　　鲈鱼美味可口，栖息于近海，春夏之际就会溯流而上。其幼鱼叫做"赛高（セイゴ）"，稍大一点的叫做"福烤（フッコ）"，完全长人的才能称之为"鲈鱼（スズキ）"。

　　写到此处，各位读者也许会佩服我日语知识的丰富。听说现在正在学习中文或将来立志要做日语教师的读者当中有许多知识女性，想想被她们所崇拜也不是一件坏事，我不由得心中窃喜。

　　可是，就是这么一条小鱼却给它起了这么多的名字，好像是劝告外国人不要学习日语一样。这些叫法真是愁煞外国人了。一想到自己竟然同这么折磨人的日语相伴到现在，我真佩服自己的忍耐力，甚至有一点想要表扬自己了。

3 词汇丰富的中文

当我们把目光转向畜牧文化之子——中文之时，我们会发现中文对于鱼的表达仅停留在简单、熟悉的词汇群里。不过，一旦谈到家畜的话，中文的"繁琐"并不比日语差。不，对自己的母语不能出言不逊，还是称作词汇丰富吧。

根据年龄的不同，牛有许多不同的叫法。

比如有㸬（一岁牛）、牭（两岁牛）、犙（三岁牛）、牭（四岁牛，同"㸬"）、㹑（五岁牛）、犊（小牛）等。

并且根据毛色、公母、是否阉割、大小等，又有不同的叫法。一起看看下面的汉字：

"牷"（祭祀用的纯色牛）、"牯"（母牛或阉割的公牛）、"㹒"（色黄唇黑的牛）、"䍐"（黑眼牛）、"枰"（有花斑的牛）、"牍"（花纹牛）、"犍"（阉割牛，又称"犗"、"犕"）。

因为这些都是些不太常用的汉字，逐一举例的话，出版社的编辑和印刷厂的工人要叫苦连天了，所以举例到此为止。

在古代，马不仅是重要的交通工具，还有许多军事用途，它比牛的价值更为重要。马字旁的汉字比牛字旁的汉字有过之而无不及。

一岁的马叫"馬",两岁的马称"驹",三岁的马为"駣",八岁马是"馱"。根据年龄的不同,马的叫法也各不相同。

马的颜色种类比牛多,根据颜色的不同,又有不同的叫法,下面是其中一部分例子。

驪(黑毛马)、騮(有黑色鬃毛的红马)、騂(赤黄色马)、駰(黑白相间的马)、騅(深灰色马)、騏(青黑色马)、駱(黑鬃毛白马)等等。

还有许多与马相关联的、有意思的表达。用"馱"表现马的睡姿,用"駵"代表马摇头的动作,用"駴"表示马吃惊的样子,用"駍"来描述马疾驰的神态,用"駥"来形容马健硕的外形,用"駓"来指代马肥硕的样子。

其词汇的丰富程度让中国人也一筹莫展,要是不查字典的话,连中国人都读不出来。

　　"吉"、"美"、"详"、"善"中的"羊"字也有许多称呼。

　　羔（乳羊）、羜（出生后五个月的小羊）、羛（出生后约一年的羊）、羝（公羊或三岁羊）、羒（白色公羊）、羭（黑色公羊）、羬（长六尺的大羊）、羠（阉割羊，又称"羝"、"羯"）、羍（毛呈花斑的羊）。

　　牛除了可以被用来当作肉食之外，还是农业生产中不可或缺的牲畜，马具有较高的军事使用价值，羊则被视为"吉"、"祥"、"美"的代表。而猪（中文的"豕"是家猪和野猪的总称）则不同，除了用作肉食之外，并未获得和马、牛、羊一样的美誉。非但没有获得好名声，反而成为"肮脏"、"愚蠢"的代名词。大概是由于这个原因吧，同马、牛、羊相比，猪的称谓区分得并不是很详细。但是，即便如此，从日语的角度来看，也是数量惊人。举例如下：

　　豯（生后三个月的猪）、豵（生后六个月或一年的猪）、豝（二年猪）、豜（三年猪）、豝（母猪或老猪）、豶（阉割的猪，又称

"貐")、豯(四个蹄子全白的猪)、豮(小猪)、㺐(求子猪)、豥(黑头白猪)。

日本人耳熟能详的"豚",原来意思指的是"小猪"。中国人把"豚"写作"猪",这个"猪"本来意指一个毛孔中长着三根毛的猪。

马具有较高的军事使用价值;羊则被视为"吉"、"祥"、"美"的代表;而猪则不同,除了用作肉食之外,并未获得和马、牛、羊一样的美誉。

4

难坏日本人的中文

这次怎么着也该轮到想要学习中文的日本人犯愁了。中文不仅发音困难，词汇也复杂，让人永远都记不完。

的确如此。但是也不必担心，前文所列举的家畜的名字，几乎没有一个中国人能够准确地使用。"文革"时，我下乡农村，干了很多年农活，养过猪，放过羊，自诩对农村的事情略知一二，但是面对这些词汇也是束手无策。

要全部记住这些词汇，需要花费大量的时间和精力。此处所列举的大多数词汇都没必要去记。但是作为汉字常识，在了解中日文化、中日两国词汇的特征方面，多少知道一点是有好处的，了解一下就足够了。

学习外语不仅要流汗，有时还需要流泪。不论是学习中文，还是学习日语，可以说无一例外。不过，我坚信只要坚持不懈地努力，难死人的外语也终能修成正果。迄今为止我已经被日语虐过无数遍，但每一天我仍然坚持不懈地奋斗着。

"千里之行，始于足下"，纵然旅途有千里之遥，也必须脚踏实地一步一步地前行。坚持是最重要的。

鲷与羊

你能分别叫出猪肉和鱼肉各个部分的名称吗？

1

食肉的历史短暂

日本人肉食文化的历史比较短。

据《日本书纪》记载，由于佛教的兴盛和影响，天武天皇四年（675）四月十七日，圣上颁布诏书禁止食用牛、马、狗、猴、鸡，"触犯者，罪之"。到了圣武天皇时代（736 年左右）又制定了"禁止屠杀家畜，违者严惩不贷"的法令。

因视食肉为罪行，结果导致与畜牧业相关的产业在明治维新前的日本并未成长起来。抛开个别例子不谈，可以说日本的肉食历史开始于明治维新以后。

据画家、兰学家司马江汉（1738-1818）的《江汉西游日记》记载，1788 年在长崎出现了可以吃猪肉和生牛肉的餐馆。江户末期 1867 年，横滨的中川屋嘉兵卫在江户（今天的东京）开设了日本第一家屠宰场，并开始销售牛肉。

进入明治以后，有许多日本人认为，吃牛肉是文明开化的标志之一。

明治初期，作家假名垣鲁文在他的《牛店杂谈·安愚乐锅》中辛辣地指出"不吃牛肉者为顽固不化之徒"。

因为有这样一段饮食的历史，所以至于牛肉的哪一部分比较柔软，哪一部分肥肉多，日本人在使用语言的过程中，并没有详细分开称呼的习惯。

十几年前，铃木义司的四格漫画《桑瓦力先生》在《读卖新闻》晚报上连载，我一直非常喜欢他的漫画。2004 年作者去世，那位活灵活现的、快乐的桑瓦力先生也从我的生活当中消失了，为此，我还暗自神伤了许久。

1997 年 5 月 9 日的漫画以当时轰动一时的和牛养殖诈骗为题材。漫画当中登场的大叔也是受骗者之一，他投资的是"牛身上的特定板块"。桑瓦力先生看到漫画上面的"特定板块"，不由得笑出声来，说道："哈哈哈，投资了牛腰肉板块呀。"在第四格漫画中画了一头牛，整头牛被分成各个不同的部分，每个部分被标出不同的名字。

　　各个部分的名称引起了我极大的兴趣，因为所有的名字都是用外来语来标注的。大概铃木先生认为，和真正的日语——和语比较起来，外来语标注更能让日本读者简明易懂吧！

　　顺便说一下，从靠近头部的地方开始，牛肉的各个部分依次叫做牛颈肉（ネック）、肩肉（肩ロース）、牛排肉（リブロース）、上腰肉（サーロイン）、里脊（ヒレ）、臀肉（ランプ）。

从这层意义上来说，中文和英语等以肉食为主的民族的语言类似。虽然笼统地称作家畜肉，但是在购买、食用之时，应属于哪部分的肉，常被视为一个问题。我的母亲以吃了猪头肉、槽头肉会诱发疾病为由，一直固执地不把这两样东西摆上餐桌。

由于这样的文化背景，可以看到中文当中有细分家畜肉各个部分名称的习惯。

臕（腹部前端肉）、腓（腓肉）、胰（腹下肥肉）、肪（腰部肥肉）、脟（肋肉或肠肉）、腌（脖子肉）、胅（背脊肉）。

这些词汇，自古以来就被使用。

像这样的表达方式，在现代中国人的使用语言当中也能找到。

去市场的话，经常能听到以下这些词汇。

蹄髈（猪大腿的最上部）、里脊（脊椎骨嫩肉）、槽头肉（猪脖子肉）、口条（猪舌或牛舌，又叫门腔）、五花肉（肥瘦间隔的猪肉）、排骨（带肉的肋骨，又可细分为带里脊肉的大排和以胸部肋骨为主、略带肋骨肉的小排）、肋条（带肉的肋骨）、肘子（带皮的蹄髈）。

　　关于家畜肉，日语中并没有这么多的叫法。但是，当目光转向鱼的话，其叫法则划分得很仔细，以至于无法找到相对应的中文。

　　在1997年6月15日《读卖新闻》刊载的广告中，我发现了一个有趣的东西。丰田的广告中画着一条老头鱼，鱼的各个部分都标着不同的名字。比如：脸颊和身上的肉称"柳（やなぎ）"、尾鳍叫"舻肉（とも）"、卵巢肉标为"布（ぬの）"，胃部称作"水袋（みずぶくろ）"。

　　正如中义中细分家畜的各个部分一样，日语中也把鱼的各个部分分开称呼。

　　比如：尾肉（おにく）、肚腩肉（トロ）、中肚腩（中トロ）、上身（うわみ。鱼摆在菜板上，上侧的肉）、下身（したみ。鱼摆在菜板上，下侧的肉）、脾（つちすり。鱼腹部的肥肉）、血合肉（ちあい。三文鱼切成三片，当中一片带较多红色血的部分，又称"黑身"）、腹须（はらし。一、鲣鱼或金枪鱼的腹部肉。二、把鱼切成三片，再把它竖切两分后腹部的肉）、海中（かいちゅう。

鱼的腹鳍以下的部分）、半片鱼（沿着鱼骨一切两半后的每一半）、割（さく。分割的大块鱼）等叫法。

　　大家不妨想一想，我把血合肉、中肚腩译成中文时，是何等地费脑筋。每次在翻译这些词语的时候，我都觉得被日语折磨得不成样子，以至于每次都狼狈不堪。

　　幸运的是，鱼的个头毕竟不如牲畜大，各个部分再怎么细分也有个限度。以海洋文化为背景的日语词汇和中文词汇略有差异，但是却展现了它发达的一面。具有代表性的就是鱼卵了。

4

中国人搞不清楚的鱼卵

有一天，我去朋友家玩，他请我吃饭。餐桌上摆上了鳕鱼卵这道菜。朋友看见我不动筷子，不由奇怪地问道："鳕鱼卵味道很不错，你为什么不吃呢？"

当时我明显地感觉到脸一红，因是我的老朋友，就如实地告诉了他："并不是我不喜欢，我小的时候母亲就不让我吃鱼子。她吓唬我说'吃了鱼子的话，脑子会变坏，就会学习不好'，所以不知从何时起，即便桌子上摆上鱼子，我也不动筷子了。"朋友扑哧笑了出来："你老大一个人了，怎么还跟孩子似的。"笑声里带着善意的嘲弄。

中国人，特别是上海男人经常做家务。我很讨厌大男子主义，有时间也去超市买东西。但是来到日本十几年，我还真没主动地去买过鱼子。除了我受母亲特殊教育之外，鱼子对于其他中国人来说，也应是吃不习惯的吧。

现在还好，刚来日本时，鱼子的各种称呼都让我抓狂。中文中所说的鱼子，在日语当中根据鱼的种类和加工方法的不同，有许多不同的叫法。这远远超越了我在大学所学日语的范畴。

　　要想知道在日本生活、学日语的中国人（尽量找日语说得比较好的人）是否是个日本通，有一个鉴别方法。那就是考一考他知道多少鱼子的叫法。比如可以用下面这几个问题来测试一下你周围的中国朋友，看看他们是否知道正确的说法。

　　① 产卵前的鱼子块。主要指成熟后一粒一粒分离开的大马哈鱼子。或者此类鱼子的腌制品。

　　② 鲻鱼子腌制后，晒干凝固后的东西。

　　③ 鲱鱼子。对腌渍或晒干后的东西的叫法。

　　④ 从大马哈鱼卵巢中取出的整块鱼子，每块单独腌渍的东西。

　　⑤ 雄鱼体内乳白色的精巢。可食用。

　　⑥ 对鳕鱼成熟的鱼子或将其进行腌渍后的东西的称呼。

　　⑦ 章鱼子。

　　⑧ 用辣椒和香料腌制过的明太鱼的子。

　　⑨ 叉牙子。

⑩ 对形状如小米粒般大小的鱼子的统称。如比目鱼、鳕鱼等的鱼子。

如果有中国人能够全部说出以上所举出的鱼籽（严格来说应该称为鱼子、卵巢、精巢等，中国人几乎不会这么仔细区分）的名字，那他可真是一名彻头彻尾的日本通了，但是我估计没有人能够全部答对。如果你知道哪位中国人得了满分，请务必告诉我。

说不定，日本人也未必能全部答对。不，应该不至于如此吧。以日语为母语的人绝不会在这类骗小孩子的把戏中兵败滑铁卢的。为慎重起见，答案公布如下：

① 鲕（はららご）

② 咸鱼子干（からすみ）

③ 干青鱼子（かずのこ）。腌渍后的叫腌渍青鱼子（塩かずのこ），晒干的叫干青鱼子（干しかずのこ）。

④ 咸鲑鱼子（すじこ。也叫すずこ、すじひき）

⑤ 鱼白（しらこ）

⑥ 咸鳕鱼子（たらこ）。因腌制后发红，又称红叶子（もみじこ）。

⑦ 紫藤之花（ふじのはな）

⑧ 明太子（めんたいこ）

⑨ 鰤子（ぶりこ）

⑩ 粟子（あわこ）

可是，如果不出几道题为难一下日本读者，我恐怕会被误认为没有学问。那么，我就用日本人不擅长的汉字来出招了。以下汉字指什么？我来举办一次莫邦富式的考试。

a. 散子

b. 鰤

c. 波良羅子

d. 唐墨

e. 鱲子

f. 鰊の子

g.　加豆乃古或加登乃古

h.　海藤花

答案如下：a、b、c读作"はららご"；d、e读作"からすみ"，顺便说一下，"唐墨"原先指中国文房四宝中的墨，鰡的鱼子经腌渍、晒干后酷似唐墨，所以获得这个美誉；f读作"かどのこ"，和g一样都用来指干青鱼子。《本朝食鉴》等古典中有加豆乃古或加登乃古的说法。h读作"かいとうげ"，指的是章鱼子或腌渍章鱼子，因鱼卵相连，酷似紫藤化，所以得此名称。常用于调味佐料或清汤。

我虽在超市里对鱼子一类的东西不闻不问，但是却买腌渍后的大马哈鱼子。"イクラ"是俄语"ikla"的音译，指的是腌渍后的大马哈鱼或鳟鱼的鱼子。好像一粒一粒从卵巢脱离出来的叫做"イクラ"，保持原状的叫做"筋子"。从俄语中移植过来的这个外来语，因为符合日本人的饮食生活，现在被广为使用，作为真正的日语而获得了市民权。

大概日语中这类词汇的发达同"好捕鱼鳆"、"食海物自活"（《三国志·倭人》）这一习惯密不可分。查阅了不少词典，重新体会了这一点，并且切身感受到日本谚语所说的"雪路不要急着走，鱼子汤要慢慢喝"的道理。

大雪之后的马路还没有被踩结实，不好走，走的人多了才容易行走。鱼子汤中的鱼子容易沉到锅底，最后的锅底干货多，比一开始喝的汤要有内容。

正如这个谚语的意义那样，迄今出版了许多日语辞书和书籍，所以对于日语并非是母语的我这样的人，也能参考这些书籍，写成了这些文字。我要对这些前辈们付出的努力致以敬意。

要想知道在日本生活、学日语的中国人是否是个日本通，有一个鉴别方法。那就是考一考他知道多少鱼籽的叫法。

鲷与羊

1

日本人无法理解的发物

2008 年 10 月的某个早上，起床后左脚刚着地，一股剧痛袭来。我明显地感觉到脸上血色全无，因为当天下午在地方上安排了一场演讲。照这个样子的话是没法行动了，我慌忙地试着揉了揉脚，并贴上了膏药。

脑海当中也浮现出给主办方某大型 IT 企业打电话，告诉他今天没法进行演讲的想法。但是想到万一当天取消演讲的话，未免太给对方添堵了，就暗下决心：即便爬着去，也要准时赶到会场。

一边和剧痛斗争着，我一边往车站赶。平时四分钟就可以抵达最近的车站 JR（日本铁道公司）锦丝町站，那天打了的士还用了近三十分钟。汗水湿透了衬衫，这才意识到恐怕以一己之力是无法完成在东京车站的换乘了。

于是，向锦丝町站的工作人员寻求帮助。车站工作人员询问了我的去处，用车站备用的轮椅迅速把我送到了站台。后面几站的车站人员通过接力赛的方式护送我一路移动。

没想到我竟然以临时残障人员的身份体验了一把铁路部门为其准备的设备和服务。除了在伊东车站这场接力赛稍有不顺之外，我对铁路部门的完美应对佩服得五体投地。

演讲结束以后，在主办方某大型 IT 企业人员的陪同下急忙赶到当地医院进行检查，医生连眼睛都没眨一下就诊断说"你这是痛风"。

朋友听说后，劝我要少吃海鲜。日本的医生则告诉我尽量避免喝酒、吃鱼子类的东西。两者的说法有微妙的差别。

这使我想起了十几年前的一段往事。1997 年 7 月，香港回归

的报道告一段落之后，我终于回到东京，恢复了往常的生活。大概是由于疲劳过度的原因吧，身上到处起了一些红色斑点，奇痒难当。妻子看到后向我下达严厉指示：快去医院就诊。那天晚上以后，生猛海鲜就从我家的菜单上彻底消失了。作为上海人的妻子，根据她的医学知识，认定生猛海鲜有可能诱发皮肤病，特别是海鱼等决不能再放上餐桌。

的确，在中国通常把海鱼等看作是容易诱发疾病的发物，吃中药期间或出现荨麻疹、皮肤病等症状时，有尽量避免食用发物的习惯。

中国文化中有医食同源的说法。对于生病的人先用食疗的办法治疗，如不奏效，再使用药物医治。早在战国时代（公元前476-前221年）就出现了倡导这一做法的医生。

源自同一种考量，根据时机、情况、身体状况等，有的食物不宜在某个时间食用。中文中称之为"禁口"或"忌口"。

孕妇、病人、身体欠佳者，不宜食用生冷食物，包括发物在内大致可分为七种"禁口"。其中的发物主要指鸡头、猪头、海产品、牛肉、羊肉、虾蟹等一部分淡水鱼贝类，范围很广泛。

这种思维方式深深地渗透到普通民众的日常生活当中。一方面为了强身健体可以从食物当中汲取营养，另一方面要因时因地地避免吃一些对身体不好的东西。这种思维方式及习惯和医食同源互为表里，深深地扎根于中国人的生活当中。妻子所采取的措施正是这种饮食文化的表现。

在中国通常把海鱼等看作是容易诱发疾病的发物。中国文化中有医食同源的说法。

鲷与羊

2 敬而远之的猪头肉

　　这么说来，我在成人之前从来没有吃过猪头肉。母亲家境相对富裕，来到上海时候，被迫过上一种相对拮据的日子。但是即便生活不太富裕，她还是倔强地坚持着，从来没买过猪头肉。

　　理由是猪头肉容易诱发疾病。不仅猪头肉上了我家菜谱的黑名单，猪脖子周围的"槽头肉"也决不会买回家。据说这种肉也会诱发疾病。没钱就少吃几次肉，但是买的肉的质量绝对不能差。这就是母亲的生活哲学。

　　我在这种环境之下长大，理所当然就被灌输了"猪头肉和槽头肉还是不吃为妙的想法"，成家立业之后，我也固执地坚守着母亲的教导。去中国的菜场看一看就会明白，猪头肉和槽头肉确实价格低廉。但是我从来没有被低廉的价格所诱惑而去买过。

　　在和妻子谈恋爱的时候，周末也会去她家里。她家有五个兄弟姐妹，经济状况所限，有时做菜不买精肉，而是选择价格相对便宜的猪头肉。

　　吃饭时，如果对猪头肉不动筷子的话未免太失礼，又考虑到必须要给未来的岳父岳母留下好印象，思前想后，我终于鼓起勇气夹起一块猪头肉送到了嘴里。生平第一次吃猪头肉，或许是味道调得妙，竟然出乎意料地好吃。

但是，直至成家立业、结婚生子后，我家的餐桌上还是没有出现过猪头肉这道菜。时至今日，更没有吃过一次槽头肉，不知道味道究竟如何。

这些事情在日本人看来可能比较滑稽，但是对许多中国人来说，这些正是中医养生的基础。反而，有些日本人认为是理所当然的事情，在我们中国人看来却觉得不可思议。

鲷与羊

3

雪
上
加
霜
的
滋
补
方
式

　　大学时，在上海学习的日语教材中有一处提到了水俣病问题。当时水俣病还没有引起人们的注意，在熊本县水俣一带，为了给那些身体出现异常情况的人滋补身子，不断地让他们吃活蹦乱跳的鲜鱼。当然，到了后来才知道这种滋补方式其实是让身患水俣病的人雪上加霜。

　　记得读到教科书上关于水俣病的章节时，我被彻底震惊了。我虽然没有问周边的同学，但是大概他们应该和我一样疑惑不解。那就是：为什么给身体欠佳的人吃海产品呢？那不是更容易诱发疾病吗？所以迄今我仍对教科书中的这些内容记忆犹新。

　　随着我读的日语书越来越多，并且对日本人的生活方式越来越了解，我逐渐明白那时的惊讶是我对日本文化无知的表现。

4 鳗鱼 景诗—— 夏日的风

日本人居住在四面环海的岛国，自古以来他们就有从海味中摄取人体不可或缺的营养的智慧。

对于日本人来说，鱼贝类产品不仅是他们的生活食粮，还是宝贵的蛋白质来源。鳗鱼就是其中的一个例子。

从绳文时代的贝冢当中出土了鳗鱼的骨头，在《万叶集》当中也有诗人大伴家持吟咏的和歌曲。

> 致石麻吕
>
> 日品九味衣带宽，
>
> 石麻吕君听我言。
>
> 消除苦夏有良方，
>
> 多食奈良海边鳗。

> 劝石麿
>
> 人瘦尚可肥，

鲷与羊

命丢不可医。

莫为食鳗鲡，

溺水小河里。

　　从这两首古诗歌中可以知道，古代日本人就把鳗鱼作为有营养的食物来食用了。本来用来应对苦夏的鳗鱼被当做滋补品来食用，这一饮食习惯到了奈良时代、平安时代，已是世人皆知的事情了。

　　随着时代的变迁，这一饮食习惯逐渐形成并固定下来。文化年间（19 世纪初）每逢土用丑日吃鳗鱼的习惯已经成为日本的夏日风物诗而固定了下来。

　　我家定居日本不过十几年，现在每逢土用丑日，也把烤鳗鱼烧摆上了餐桌。入乡随俗，家住在海边，盛夏时节必吃鳗鱼。

　　中国人也吃鳗鱼。从医食同源的角度出发，也劝结核病患者或为寄生虫而苦恼的人吃鳗鱼。但是，对鳗鱼的评价，并未达到迷信的程度。

1980 年代初，我在北京参加了为期一年的进修。我的一位亲戚在北京某大学教书，他告诉我：北方人不太吃鳗鱼，北京的鳗鱼很便宜。进修所在大学的食堂饭菜实在不敢恭维，每逢节假日，我和同事就利用休息时间，一起买来鳗鱼、螃蟹等自己做饭吃。去大学附近的菜场一看，的确鳗鱼、螃蟹价格很便宜。

但是，如今中国流行美食文化，鳗鱼的价格恐怕是今非昔比了。

日本人居住在四面环海的岛国，自古以来他们就有从海味中摄取人体不可或缺的营养的智慧。

鲷与羊

3

海中的壮阳物

　　读一读与日本饮食文化相关的书籍就会发现，在鱼中之王鲷鱼当中，黑鲷被认为可益精血，不能给身体虚弱者、负伤者、孕妇食用。相反，脂肪较多的海鳝在纪州等地方常用来给孕妇吃。海狗丸作为壮阳药被视作宝物，在艳笑谭中时常登场。鲸鱼的阴茎在伊势志摩等地区仍被供奉着，日本人认为那也是壮阳食物。

　　在日本，不仅鱼贝类，就连海藻也被当做宝物，认为有益于人体健康。

　　其中的海带更被视作海中极品，主要成分为蛋白质、藻朊酸、山梨糖醇、矿物质、碘等，作为海中药草对高血压有效果。海带根在日本非常有人气。最近随着节食和对健康食品的关心，海带的功能越来越受重视。

　　海带还能给头发补充营养，其药用价值也深受好评。据田村勇的《海洋文化志》（雄山阁出版）一书显示，在千叶县有食用黑海带的习惯。冬日收割的海带切好晾干保存，吃的时候用水浸泡，放入味噌汤食用。当地以袋装的干海带为健康食品，当做地

方特产销售。1975年，有销售商发现了这一商机，大量采购，然后制成粉末，当做生发剂销售。

作为药草究竟有多少效果无从知晓，但是长久以来日本人有效利用海带，丰富了他们的饮食生活，这是不容置疑的事实。

据说在江户时代，还有人用它来酿造酱油。池田菊苗博士研究认为，现在常用的调味品"味之素"（味精）也是抽取海带中的精华成分谷氨酸制作而成的。

即便是现在，做日本料理时，也常用海带制作高汤。尤其是做清澄的高汤时，常使用利尻地区产的海带和日本真海带（北海道产）。日本真海带味道鲜美，自古以来广为人知。

/

4

　　由于受中国饮食文化和饮食习惯的影响，古代日本也存在着一种饮食习惯，认为海鲜中的一部分为发物，不可多吃。

　　日本人虽然贪吃海鲜，但是在《徒然草》写成的元德二年（1330）有一说法，劝人不要吃过多的鲣鱼，容易长肿物。大概受到这一说法的影响，兼好法师才借用镰仓某位老人的说法在文中写道：老人们在他们年轻时招待重要的客人之时，从不用鲣鱼。

　　暂且撇下发物不谈，和在中国一样，有的东西在日本也不可以同时食用。

　　平安时代的《医心方》中有训诫，"猪肉不可与鱼同吃，不利于人"、"奶酪不可与生鱼片同食，肠中可生虫"。

　　也就是说猪肉和鱼同时吃的话，不利于身体健康。同时一起吃乳制品和生鱼肉丝也不好，肠子里容易生寄生虫。中国的书籍当中也有同样的记载，成了这一说法的根据。

　　现在的卫生状况有了很大的进步，所以先前的说法看起来有一点滑稽了。但是想一想那个时期的卫生状况和加工技术，其担心也是不无道理的。

　中国人动辄对海产品持有一种本能的警戒，而日本人则看起来对海鲜没有抵触。这只能说是不同的生活环境带来的饮食文化的差异。我在日本长期生活，万一有什么事情时，我究竟应该遵从哪种饮食文化呢？

由于受中国饮食文化和饮食习惯的影响，古代日本也有人存在一种饮食习惯，认为海鲜中的一部分为发物，不可多吃。

特

生活中的
海洋文化
和畜牧文
化

鲷与羊

礼品中的山珍与海味

1 熨斗鲍鱼之谜

　　莫邦富事务所曾编纂过一本名为《日中英企业品牌名录大全》（日本经济新闻社）的辞典。有些日本企业想把产品卖到中国，我也曾替他们设计过产品的中文命名。我本人很早就开始关注广告宣传和企业的品牌战略。平时也在不断收集优秀的广告词和有关品牌的命名资料。

　　比如说 1997 年三得利公司有一则威士忌"响"系列的广告，题名为"鲍之情"，有一段宣传词引起了我的注意。

　　"据说礼品上面的折纸封签原来是用干鲍鱼片代替的，鲍鱼自古以来作为贡品就深受重视，如今在伊势神宫中还供奉着鲍鱼。不知从何时起，逐渐固定下来成为赠品的标志。礼品上面插上折纸封签表示赠者内心纯净如水，而且赠品是无害的。但是不知为何鲍鱼担当了这一角色？大概是由于鲍鱼在中国被视作可助长生不老的食物，从而被人们倾注了希望对方延年益寿的美好祝愿吧。据说在秦始皇寻找的不死灵药当中就有鲍鱼，度过余暑，非此物莫属。（后略）"

时光飞逝，眨眼间我在日本已经生活了二十九年。从来到日本后第三个年头开始，我也开始入乡随俗，在中元节和年末分两次给平时关照过我的人送礼物。记得第一次中元节送礼之时，商店的营业员问我："需要折纸封签吗？"我不明白营业员的意思，很久没能回答上来。于是营业员又问了一次，我这才隐约领悟到大概她讲的是礼物外包装上写有"薄礼"、"贺礼"的纸张。

在看到上文所引用的三得利的广告之前，我从来没有考究过折纸封签的由来，并且也丝毫不晓得日语中的"熨斗"指的就是"封

　　　　　/　　　　　鲷与羊

签"。中文中"熨斗"指的是熨烫衣服的工具。当我得知中文中的"熨斗"在日语中竟然指的是"封签"后，为这一发现而兴奋不已，同时内心又浮现一丝疑虑。于是，匆忙查阅了第一版的《新明解国语辞典》，这又让我大开了眼界。

辞典中对"熨斗"的解释有两层意思。①把彩纸折叠成可包住干鲍鱼片的形状，附加在赠礼上方。②"火熨斗"的略称。接着追加一句：一般写作"熨斗"。

这本辞典中将"熨斗"解释为"利用内置的炭火热气熨平衣服褶皱，或者可以熨烫出线条的金属器具"，接着又一如既往地亲切告知"原来写作火'熨斗'"。释义都是一些旧式的说法，简言之说的就是熨斗。本来具有"熨斗"之意的词汇在日语中竟然摇身一变成为赠礼的象征，这不仅鲜明地反映了日本海洋文化的特色，也折射出了日本文化深受中国文化影响的一面。这是我以前从来不知道的事情，真让我受益匪浅。

2　鲍鱼乃赠品的象征

　　为什么本来用来熨烫衣服的"熨斗"摇身一变成为附加在赠礼上面的小纸签，这一功能是如何产生的？这引起了我的好奇。我查阅了辞典、民俗史以及与饮食文化有关的资料，终于搞清楚了以下的缘由。

　　所谓的"熨斗鲍"，指的是把鲍鱼蒸后切成长长的薄片，然后摊平干燥后的鲍鱼片。自古以来可食用，进入镰仓时代以后常被当做赠礼使用。正如美酒配佳肴一样，赠送别人礼物时附赠一片鲍鱼逐渐成为一种习惯。

　　过去，贺礼中附带的鲍鱼可是货真价实的鲍鱼片，可是随着时代的变迁，它日益简略化，用正方形的彩纸折成细长的六角形，内放一片"熨斗鲍"的碎片来代替鲍鱼片，时至今日就剩下一张纸签了。类似的词语还有"熨斗昆布"，这也可以代替"熨斗鲍"用在贺礼上。

　　在琳琅满目的海产品当中，为何鲍鱼会成为赠礼的象征？

　　毋庸赘言，日本人的饮食生活同海洋文化密切相关。日本海岸多礁石，河口多沙滩，盛产各种贝类，并且这也是日本人非常重要的蛋白质来源。

1500年前，晋朝陈寿所著《三国志·倭人》中已有"好捕鱼鳆"、"食海物自活"的记载，因此不难想象日本人捕食鲍鱼的历史有多么悠久。晒干的鲍鱼叫做"鲍鱼干"或"蒸鲍鱼"，自古以来就被用来进献朝廷。

在纸张发明以前，记录事情时，常用墨汁写在薄薄的小木片上，这种木片被称作"木简"。过去向朝廷进贡物品的清单也记载在这种"木简"上面，从现在残存的这些木简上面可以得知朝廷贡品有65种，其中鱼类有二十余种，贝类、海藻类有十几种。现在作为高级食材的鲍鱼过去也有贝中之王的美誉。当然刻在木简上的贡品清单中，鲍鱼也名列其中。

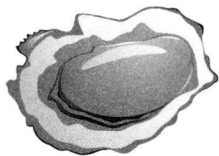

3

无肉不欢的中国人

如前一章节所述，中国人有时不大吃容易诱发疾病的发物——海产品。或许是出自这一考量，如果不是特别珍贵的海产品，不会拿海产品来当赠礼的。

我母亲的老家是中国屈指可数的渔场——舟山群岛。所以，从小餐桌上尽是舟山群岛四周捕获的各种海产品。我也从小就养成了爱吃鱼的饮食习惯。

生我养我的上海地处水资源丰富的江南，要说到江南特有的水产品，恐怕非上海大闸蟹莫属了。在上海的街头巷尾经常可见手提大闸蟹走亲访友的人。这一般是自己吃不完，顺水推舟做个人情。如果是正式场合，要向某人赠送像模像样的礼品时，中国人倾向于选送火腿等肉食品，而不是送螃蟹、鱼贝类这些水产品或海产品。在古代中国有把肉脯用作礼物或示好的习俗，称之为"脩"或"修"，十条腊肉称作"束脩"，数量不是特别多，也不是特别贵重，作为日常赠送品很受欢迎。

《礼记》这部典籍详细记载了中国古代的礼仪制度，"少仪"

这一节中有"其以乘壶酒、束脩，一犬赐人或献人"的记载。"乘壶"为"四壶"之意。也就是说酒四壶、腊肉十条、狗一只送人或呈献给位高权重之人。由此可以得知，在古代中国人的日常生活中，是经常使用腊肉作为赠送礼品的。

狭义上，"束脩"还用来指向私塾老师支付的酬谢。在古代，穷人家的孩子没有钱，就用腊肉代替谢礼或学费敬献给老师。在下人应聘或弟子拜师时，腊肉也常被当做礼品来使用。在《论语》中，孔子也曾说过："自行束脩以上，吾未尝无诲焉。""束脩"亦称"脩金"。

对古代中国人来说，干肉是比较容易保存的食物，与此相关的词汇也比较发达。如"羓"（干羊肉）、"脘"（胃部干肉）、"脡"（条状干肉）、"脯"（薄肉片）、"䐝"（干牛肉）、"腊"（腊肉）、"腒"（鸟肉脯）等，真是不胜枚举。

如鱿鱼干，日本虽然有把海产品晒干保存的习惯，但是因为气候和饮食习惯等关系，几乎不制作干肉，熏制品也是明治时代之后才出现的。为此，日本不像中国那样把干肉当作便捷的赠送礼品，与干肉相关的词汇也不发达。

在《论语》中，孔子也曾说过："自行束脩以上，吾未尝无诲焉。""束脩"亦称"脩金"。

鲷与羊

4 羊羔乃上层社会的馈赠佳品

在中国，为了让产妇获取足够的营养，现在还保留着赠送蹄膀、火腿、童子鸡的习惯。

在中国，通常把刚出生不久的小羊叫做"羊羔"。对于温顺、可爱的羊羔，古代中国人毫不吝惜地倾注了无限爱意，所以在古代的卿大夫之间，羊羔作为互相赠送的上等礼品而深受喜爱。

《礼记·曲礼 下》有一章节中记载了社会上层人士在日常交往中所赠送的礼品。记载显示：凡挚，天子鬯，诸侯圭，卿羔，大夫雁。礼品档次根据不同社会身份进行划分。《仪礼·士相见礼》当中也有类似的记载："下大夫相见以雁，上大夫相见以羔。"

之后，这一风俗逐渐扩大，羔、雁被用于征兵、婚约等重要场合的聘礼。《后汉书·陈纪传》中记载了古代名将陈纪父子的事迹。朝廷有时会同时安排父子两人重要的任务，彼时朝廷赏赐礼物，陈氏府邸羔、雁成群，一时传为佳话。

对于要务在身的将军或高级官吏，朝廷会赏赐"羔雁"，也即羔羊和大雁，这是当时的习俗。这种习俗传至民间，逐渐形成了聘请媒人时也赠以羔、雁的习惯。

5

羊即资本

　　我认为把羊当作礼物的习惯是在以羊为财产的社会风俗当中形成的。这一点，在羊文化根深蒂固的欧洲亦是如此。

　　比如现在谁都在讲的"资本"一词，也即"capital"这个单词来自拉丁语"capitale"，其词源是"caput"，意指羊等家畜的头。

　　在资本主义尚不发达时的欧洲，饲养的羊越多就意味着资产越多，资产多又表示展开生产活动的资本雄厚。这样一来，本来用来指羊的数量的词不知何时就变成了"资本"一词，并在语言中固定了下来。这一典型的例子让我们深深感受到，为近代资本主义财富之路奠定了根基的是羊。想要进一步了解这一些细节的读者，我推荐你们读一读山根章弘所著《羊毛文化物语》（讲谈社学术文库）。

　　这些话对于环海而居的日本人来说，恐怕是难以理解的。因为日本人本来就不大吃羊肉。而对中国人来说，"火锅"则是品味美味羊肉的代名词。

在日本能把羊肉端上餐桌的火锅店绝对属于少数。而在中国，特别是北方地区，初冬之际，羊肉无疑是馈赠佳品。谈起时令美味，自然指的是涮羊肉。

6

中
国
人
永
远
想
不
到
的

北风吹，年根近。岁末时分，每每看到商店寄过来的年末馈赠用商品名录，我感触最深的就是鱼贝类等海鲜的种类真是琳琅满目。有时我家收到的年末贺礼当中还有腌制的海胆和鱼虾等。托赠送礼品的朋友的福，从黑色紫苏海带到百年老店山本山公司的紫菜，林林总总地丰富着我家的餐桌，以至于紫苏海带现在已成了我最喜欢吃的食物。

说到年礼，不由得想起岁末东京的阿美横町购物街。一临近12月，东京的阿美横町购物街就挤满了前来买咸大马哈鱼等年货的客人。这已经成为东京街头的一道风景，这是在东京生活以后，最先感动我的风景线。因为它是我在都市生活中能看到的过去狩猎、农耕生活的一个侧面。

当然，近年来，这些干货店、鱼店在不断减少，而销售针对年轻人的服饰和化妆品的折扣店在不断增加，真不知道这道风景线究竟能够欣赏到何时呢？

在这道风景线中，每当看到在喧嚣的大都市当中前来购买咸大马哈鱼的日本人，我就深深感动于他们是生活在海洋文化中的民族。来来往往的人群，让我驻足观望，流连忘返。

恐怕让中国人绞尽脑汁，他们也不会在新年时拿咸大马哈鱼来作为礼物送给亲朋好友的吧。大概也不会有中国人一看到这种鱼，就能马上正确叫出"大马哈鱼"这一名字的吧。

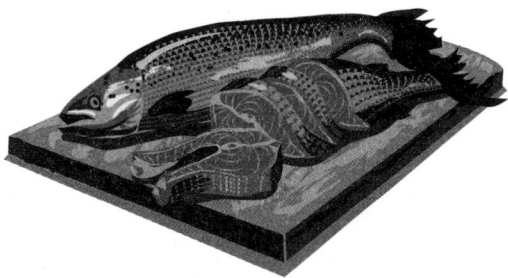

7

究竟是新
卷还是荒
卷？

新卷咸大马哈鱼对应的日文为"あらまき"，用汉字既可以写作"新卷"，又可以写作"荒卷"。有一次我问事务所的日本人秘书，"あらまき"的汉字应该怎么写？她们怕上我的当，非常谨慎地回答："应该是'荒'字加一个'卷'字吧。"看起来不是很自信。

我查阅了词典。《新明解国语辞典》（初版）对两者进行了词义的区分。词典中是这样解释的："荒卷"指的是"用稻草或芦苇等包裹的鱼"，"新卷"指的是把秋季捕获的大马哈鱼稍微撒一点盐，腌渍后的咸鱼。在新年前后，多用来送礼。

而小学馆初版的《国语大辞典》并未对两者进行区分。辞典当中有两种解释："第一，主要指用芦苇、稻草、竹皮等把鱼包裹后的东西。第二，不太咸的盐腌渍的大马哈鱼，清除鱼内脏后，腹中塞满盐。北海道特产。"

咸大马哈鱼是用来赠送给别人迎接新春的礼物，"荒卷"这一叫法看起来不上档次，而"新卷"因为显得比较吉利，因而受到欢迎。大概由于这一原因，这两个词开始逐渐分开使用了。希望日本读者能告诉我正确的答案。

《国语大辞典》当中还列出了"荒卷"的同义词"苞苴"，辞典当中列出三层意思："第一，稻草等捆扎成束，把鱼、果实等食品放入其中。第二，带着去其他地方，或者旅行、出差归来带回来的送人的礼物。第三，外出旅行时携带的装干粮的包裹。行李包。"

第二层意思中还援引了《古今和歌集》第1090首和歌中的陆奥歌：

欣小黑崎之巍峨兮，赏美豆岛之秀美。

设若能羽化为人兮，同归以馈吾友人。

总觉得"新卷"和"荒卷"的构词，都是从"苞苴"一词中吸取了灵感。

8

大马哈鱼的前世今生

北太平洋沿岸一带是大马哈鱼的分布区，每逢暮秋初冬时节，大马哈鱼为了产卵都会成群结队地沿河逆流而上，为居住在河岸两侧的居民带来丰富的大自然的恩赐。从这种意义上来说，大马哈鱼在很早以前就在日本人的饮食生活中占据了一席之地。

东京都秋川市（旧称）的前田耕地遗址被认为是距今约一万年前绳文早期的东西。金子浩昌等人在著作《日本史中的动物事典》（东京堂出版）中认为：绳文时期的气候比现在还要寒冷，大马哈鱼甚至一路游到多摩川。因为从遗址当中出土了大马哈鱼的牙齿和骨头。

但是，在古代，比如平安时代和镰仓时代，大马哈鱼被视为低级鱼，并不受人待见。《徒然草》第182段写道："大臣向天皇进献了干大马哈鱼，竟听到有人嘲弄说，'这种廉价货也好意思进献'。"

顺便说一句，满脸褶子的老太太和上吊自杀的人也叫"干大马哈鱼"。根据过去传下来的习俗，可以得知大马哈鱼往昔曾被

/

轻视过。平安时代地方政府向中央政府大量进献大马哈鱼而导致其身价大跌。

不过，过去捕获的主要是顺河流逆流而上的大马哈鱼，捕获量非常有限。在江户，时令的东西很受欢迎，再加之大马哈鱼不容易捕获，所以到了吃大马哈鱼的季节，刚上市的大马哈鱼价格不菲，丝毫不比刚上市的鲣鱼便宜。查阅一下江户时代老百姓的饮食生活，能够得知大马哈鱼的料理方法、大马哈鱼鱼子的加工方法、大马哈鱼时令寿司的做法在当时已经相当普及。

在古代，比如平安时代和镰仓时代，大马哈鱼被视为低级鱼，并不受人待见。

　　随着捕鱼技术的进步和北部海洋大马哈鱼捕捞业的兴盛，大马哈鱼再次被划到廉价鱼的行列。但是，战后在市场经济的魔力下，大马哈鱼又一次作为高档鱼而风靡于世，并成就了今日的地位。中文把人世间的巨大变迁称为"沧海桑田"，看一看大马哈鱼前世今生的地位变迁，也完全可说是"沧海桑田"。

　　本书日本版在核对校样之时恰逢年末岁尾，东京的阿美横町街头，又可以看到人们购买咸大马哈鱼的风景。这种别具一格的诗般的风景温暖了我这个他乡异客的心，也让我感动不已。

/

鲷与羊

1 老词典的妙处

　　把"グルメ"一词用地道的日语来说的话，应该是"品尝家"或"美食家"。

　　我喜欢使用的词典当中有一本日本三省堂出版的《袖珍外来语词典》。只不过这是 1979 年发行的第三版，内容有些陈旧，虽想过再买一本新的，但是迟迟没有买，时至今日还在使用着。随着电子词典时代的来临，这本《袖珍外来语词典》也就没有必要再买新的版本了。不过那本旧词典还好好保存着，是因为我知道有时旧词典更好用。

比如我在查阅这本第三版《袖珍外来语词典》时，发现了一件有意思的事情。"グルメ"一词在该词典中标为"グールメ"，和现在日本人所使用的不一样。对于这一发现我兴奋不已，马上查阅了1991年版的《广辞苑》，里面则规规矩矩地标记为"グルメ"。于是，我问了问事务所的秘书："你们知道外来语'美食家'的写法吗？"她们担心中了我的圈套，小心翼翼地考虑之

グルメ　美食热是随着泡沫经济的兴起而盛行起来的，同时这个词汇也在那段时节获得了市民权利。

后才回答我说应该写作"グルメ"。

　　我接着查阅了一下，其词源为法语"gourmet"，按照日语吸收外来语时的标记规则，"グールメ"这一标记才是正确的。但是语言这东西一般是少数服从多数，如果大多数人都选择"グルメ"的话，本来结构更加正确的"グールメ"就兵败滑铁卢，走下舞台了。语言这一领域也是"胜者为王败者为寇"的。

　　稍微换个角度思考的话，有时就会有新的发现。为什么第三版《袖珍外来语词典》将"グルメ"一词标为"グールメ"呢？现在想一想大概是由于编纂这本词典之时，日本尚未兴起美食热，这个词汇还没有固定下来。顺便提一下，在1991年出版的该词典的第四版中，已经将"グールメ"改为"グルメ"。我深深地体会到美食热是随着泡沫经济的兴起而盛行起来的，同时这个词汇也在那一时期获得了市民权利。

　　写得太偏离主题了，再次回到正题，谈一谈我为什么会对美食感兴趣。

2

对秋刀鱼来者不拒的友人

时维秋日，食欲大开。我家餐桌上的菜比平时还要丰盛。我感恩大自然给予的恩赐。对比一下侨居日本之后的饮食生活和在国内时的饮食生活，两者之间的差异让我每一天都过得既惊讶又喜悦，并且一直享受着这些新的发现和乐趣。

中国的饮食以肉类为主，它不像日本饮食以鱼为主要食材，具有鲜明的季节感。本来，畜牧业就是为了让人们的生活安定下来才发展起来的产业，如果随着季节的变迁，肉食的供给量、种类、品质发生大幅度变化的话，就违背了畜牧业发展的初衷。

但是自从移居日本之后，鱼成为我家餐桌上的主角，四季的变迁送来不同季节的时令菜，让我得以在饮食中享受大自然的变迁。

前些日子，《中国可以说不》（日译本由日本经济新闻社出版）的作者之一张藏藏来到了日本。

我带他到东京神田的一家小酒馆用餐。我点了一道秋季美味——秋刀鱼，他非常高兴，赞不绝口地说："好久没吃这么新鲜的秋刀鱼了。"

话说秋天的代表性鱼类，除了秋刀鱼之外还有青花鱼。秋季的青花鱼富含脂肪，味道肥美，秋天是青花鱼最好吃的时候。

在日本生活久了，不知不觉就喜欢上了日本料理。因工作关系，经常受人宴请，每当被问到"你喜欢吃什么菜"时，我几乎不大点中国菜而是主点日本菜。一方面是替对方考虑，另一方面不可否认的是我的确喜欢寿司、生鱼片等日本料理。在这种饮食习惯中，我逐渐喜欢上了略带苦味的秋刀鱼的鱼肚，也喜欢上了外表发白、中间发红的大阪的"生鮨"（关东地区叫醋腌青花鱼）。

听说醋腌青花鱼的做法还相当繁琐。先把青花鱼横切成三片，加入大把的粗盐放在冰箱中冷藏一晚，第二天用 50% 稀释的醋洗掉盐。然后在生醋中浸泡两三个小时，再往鱼身之间加入海带，稍加点酒激发出味道，最后用手撕掉鱼的表皮。

3 鱼也分为三六九等

日本人喜欢新鲜货，有一本叫做《吉原杂话》的书，写成于正德·享保年间（1711-1736）。书中有这么一段轶事：一位名叫回方十兵卫的人筹措到一批当季的新鲜鲣鱼，纪伊国屋文左卫门赏赐他黄金五十两。

鳕鱼是一种冷水鱼，有1米多长。因生命力顽强，不会轻易死去，倍受武士阶层青睐，江户幕府时期，进献新捕获的时令鳕鱼便成为惯例。

鱼在日本人的饮食生活中占据了重要的地位。但是日本人喜爱的鱼的排名顺序随着时代的变迁而变化。日本人餐桌上经常吃的鱼实际上也分三六九等，有的便宜货，身份高贵的人是不会吃的。我们来看一看金枪鱼吧。

现在寿司店中用来制作寿司的材料 —— 金枪鱼可以说是价格不菲，可是在过去却因价格低廉，只有瘦红肉才受欢迎。随着西洋饮食文化的渗透，战后日本的饮食文化也发生了变化，金枪鱼的肚腩受欢迎的程度甚至超越了瘦红肉。有意思的是，金枪鱼

鲷与羊

肚腩在香港也很有人气。

在古代，金枪鱼被称为"シビ"，这一词汇在关西一带仍在使用。主要指黑金枪鱼（关东地区称之为本金枪鱼）。据说在日本中世时期，因为这种鱼味道不佳，"シビ"一词也不洁净，所以京城上层社会的人都不吃。

受到此种京城贵族文化的影响，直到近代金枪鱼还被普通阶层民众视作低级鱼。即便进入江户时代，金枪鱼的地位也仅仅停留在普通老百姓家常菜的层次，餐厅是绝不会拿出来招待客人的。

シビ

受到京城贵族文化的影响，直到近代金枪鱼还被普通阶层民众视作低级鱼。

　　《江户风俗志》中有以下记载：一直到延享年间（1744-1748），金枪鱼、甘薯、南瓜等皆为下等菜，即便是商人，如果住在临街的店铺，也以吃此类东西为耻辱。

　　可是，随着时代的变迁，再加之捕获数量的变化，人们的爱好发生了变化。写成于江户幕府末期的《守贞漫稿》中有记载说："江户时期大礼之时用鲷鱼，平日主要使用金枪鱼。"

　　曾经被认为是下等菜的金枪鱼，如今摇身一变以生鱼片等形式被摆上餐桌，逐渐成为上等鱼。后来，在冬天的时候，把鲷鱼、比目鱼等白色鱼肉和红色金枪鱼肉摆放在一起，做成喜庆时候的红白拼盘，这样的做法越来越普遍。

　　　　　　／　　　　　　　鲷与羊

4 ┃ 不吃沙丁
      鱼的贵族

　　沙丁鱼的待遇也是一样。过去身份高的人不吃沙丁鱼。因为捕获量大，不是稀有货，吃了之后不容易消化，所以很长一段时间都是把沙丁鱼晒干当作肥料来使用。而且"いわし"（沙丁鱼的日语发音为 IWASHI）和"いやし（IYASHI）"（卑贱）的发音相似，越是身居高位者越看不起沙丁鱼。

　　比如紫式部有一次吃了沙丁鱼，她的丈夫宣孝甚至责备道："作为贵族，我们却去吃沙丁鱼，这成何体统！"

　　看一看日语当中的谚语，也可以得知沙丁鱼很被人看不起。比如"鰯で精進落ち（用沙丁鱼来开荤戒）"，意思指的是"用沙丁鱼这样的下等鱼来应付吃斋后的第一餐，真的是让人大失所望"，主要用来比喻因为一件小事情而导致前功尽弃。还有一句谚语是"鰯の頭も信心から（沙丁鱼头，信则灵）"，指的是"即便像沙丁鱼头这样不值钱的东西，对于那些信奉者来说也是可以抵挡万金的"。严格来说"鰯の網で鯨をとる（用沙丁鱼渔网来捕鲸鱼）"也属于这一类比喻。

いわし

"用沙丁鱼来开荤戒"，意思指的是"用沙丁鱼这样的下等鱼来应付吃斋后的第一餐真的是让人大失所望"，主要用来比喻因为一件小事情而导致前功尽弃。

随着时代的变迁，人们的饮食内容自然也会发生变化。过去日本有句谚语叫做"正月に搗かず盆に鯖食わず（新年不打糕，盆节不吃鲭）"，关于这句谚语的意义，可能现在日本的年轻人不太容易理解。意思是即便是逢年过节也吃不到这个节日该吃的东西，用来指生活贫困。"新年不打糕"自不待言，指的是做年糕一事，"盆节不吃鲭（即鲐鱼）"想必难以理解。在昔日的日本，把盂兰盆节时吃的鱼叫做"盆鱼"，在一些内陆地区很难弄到新鲜的鱼，则盛行把盐腌的鲐鱼用于盂兰盆节的习俗。

但是现在盂兰盆节主要吃素斋，许多人也感到吃鱼有点奇怪。所以他们完全不知道为何"盆节不吃鲭"是让人遗憾和脸上无光的。

根据地区的不同，对同一种鱼也是毁誉参半。方头鱼就是很好的一个例子。因其肉质酥软，在关东地区对其评价不高，而在关西地区，特别是京都，则认为腌制后的方头鱼，鱼肉紧致，味道鲜美，评价很高。

前面所提到的金枪鱼也是如此。过去在关西地区，把鱼肚腩肉也不当一回事，认为金枪鱼不过就是普通老百姓的家常菜。

5

节俭的晏子和里脊肉

中国也有和日本"新年不打糕，盆节不吃鲭"这一谚语相类似的说法。只不过比喻的对象变成了肉，这一说法是"豚肩不掩豆"。

春秋时期，齐国雄霸山东一带。齐国有一位名臣叫晏婴，人们敬称其为"晏子"。《史记》作者司马迁对其推崇至极，甘心当他的马前卒。

宫城谷昌光的三部作品《晏子》（新潮社）描写了晏子和他父亲晏弱的生平，晏婴因为极其节俭而知名。《晏子春秋》是记录其言行的历史典籍，书中详细描写了他的节俭行为。《礼记》这部典籍用"豚肩不掩豆"这一成语来形容其节俭程度。祭祀先祖，不论是在过去还是在现在，对中国人来说都是非常重要的仪式。可是，晏子祭祀先祖时摆放在供台上的豚肩肉居然没有摆满小小的"豆器"，节俭到了这种程度。

猪的肩部肉也即猪里脊，被视作猪肉中的上等好肉。豆器是一种高脚器皿，上有盖子。过去吃肉时使用，不妨把它理解为高脚盘子。

　　从这个故事中可以明白，中国人对肉的划分非常重视。在前一章节《你能分别叫出猪肉和鱼肉各个部分的名字吗？》当中，我对家畜肉各个部分的名称作了详细说明。重新参考一下，可能更容易理解。

《礼记》这部典籍用"豚肩不掩豆"这一成语来形容其节俭程度。

6

肥肉和美食

中国人把美味佳肴叫做"膏粱"。意思很简单，指的是肥肉和细粮，并且认为能吃得上这些东西的人是有钱人，所以"膏粱"又用来指美食、财主和富豪。

"膏"指动物的脂肪，此处指家畜的脂肪。肥油多的家畜不用说肥肉也多。和"羊大为美"的设想一样，这个"膏"字也多用在好的方面。请看看下面的例子：

膏血：第一，脂肪和血液；第二，用血汗换来的财富。

膏泽：恩泽、恩惠。

从"膏"的这几个意思当中可以窥视中国人的审美意识。

形容广为人知、受别人喜爱的事情时，中国人使用"脍炙人口"这一成语。"脍"字指切碎的肉，"炙"指炙烤后的肉。"脍"和"炙"都是人们喜欢吃的美食，所以逐渐引申出现在的意思。

以上所谈论的都是家畜肉。中国的美食家和日本的美食家的目标自然是不同的，不用说这是文化背景使然。

特

在中国『肉食者』
即为有钱人

1 中国人重视饮食的礼节

中国人非常重视吃。通过观察餐桌上摆出几个菜和摆的什么菜，就能够知道招待方的热情和诚意，甚至连对方是如何看待自己的、自己的地位如何等饮食之外的许多事情都能够读懂。

因此，在中国人中，无论是单个中国人还是其家庭，不论主客，都格外重视饮食礼仪。这种饮食礼仪是在 4000-5000 年漫长的历史中形成的文化，既然生为中国人或者只要是在中国生活的，不管你是喜欢还是不喜欢，都应该遵守这一规则。对这一规则的遵守，虽然每个人因经历、生活环境等差异略有不同，但是总体上来说古代和现代并没有什么大的改变。

　　在距今非常久远的春秋时期（公元前 770 – 前 476 年），在朝廷供给的卿大夫级别官员的菜单中，每天必备两只鸡。

　　在当时的中国根据地位等级的不同，餐饮时吃几道菜都有明文规定：天子的菜二十又六道、诸公十又六道、诸侯十又二道、上大夫八道、下大夫六道。

　　在农村，为了表达对老者的敬意，根据年龄的不同会有不同的招待礼数：六十岁以上三道菜、七十岁以上四道菜、八十岁以上五道菜、九十岁以上六道菜。

2

羊
与
肉
食
者

　　荤菜在饮食中具有不可动摇的地位。有一个叫做"膳用六牲"的词语足以形容当时的奢侈。"膳"就是家畜之肉。六牲指"马、牛、羊、猪、犬、鸡",凡是王公贵族的饮食必须备齐六牲。因为这一生活习惯,那些吃喝不愁的人自然而然地被称为"肉食者"。

　　把"養"字拆开的话,可以分为一个"羊"字和一个"食"字。思考一下"食羊"和容易让人联想到财力的"養"字的构词方法,就不难理解"肉食者"一词之所以成为有钱人代名词的理由了。"羨望"的"羨"字也是异曲同工。从"羨"和"養"这类词可以猜想到,羊是古代中国人的财产。这些在前一章节已经阐述过。

　　中国的典籍当中有一本叫做《五经》的书,其中有一部叫《诗经》,收集了从殷代到春秋时期的300多首诗歌。《诗经》中有13首诗歌涉及羊,其中的《小雅·无羊》赞颂了周代(公元前1046-前256年)的周宣王振兴畜牧业获得成功的事情。

谁谓尔无羊？

三百维群。

谁谓尔无牛？

九十其犉。

　　这首诗的大意是：是谁说你没有羊？一群就有三百只。是谁说你没有牛？黄毛黑唇的就有九十头。

　　虽说这首诗讴歌的是王者的财产之多，但是从诗歌的内容当中可以读出拥有家畜（即财产）的骄傲和满足。当时生产水平低，自然环境恶劣，对于生活在那种环境下的古代中国人来说，羊容易饲养，养的羊多也就意味着生活安定。狩猎不太可靠，栽培的农作物产量达不到预期，在这种情况下，多养一些羊就不会有生活上的不安。或许源自这种心灵上的宽慰，逐渐诞生了以羊为财产的思维方式吧。

3

食藋者

与此不同的是，贫穷的普通老百姓以难以下咽的灰菜和藋（即豆叶）为主要食物，"食藋者"成为贫穷百姓的代名词。

这种贫富差距远远超出我们现代人的想象。用 C_{14} 对古墓中出土的人骨进行测定，可以得知根据阶级的不同，骨头的成分差别很大。也就是说，这表明了贵族的饮食生活以肉食为主，贫民的日常饮食以蔬菜为主。

在同样属于畜牧文化的欧洲也可以看到这种生活习惯和社会现象。据《羊毛文化物语》记载，在古罗马人的结婚仪式上，新郎和新娘坐在一张铺着羊皮的长凳上，一起分享用来供奉神灵的面粉制点心。之后前往新郎家里，新郎家的门口涂着羊脂，然后在家中举办豪华盛大的婚礼，最好的酒菜是羊肉。

佩特罗尼乌斯在其著作《萨蒂利孔》中这样写道，"正餐时桌上摆着十二个碟子……白羊宫中的盘子里摆放着公羊肉和豌豆烹饪而成的菜肴"。读到此处我不由得想起杜甫的名句："朱门酒肉臭，路有冻死骨。"据说当时罗马的低收入阶层几乎吃不到肉。羊肉不论是在东方还是在西方，都是奢侈的食物。

4

非洲版『肉食者』

1978 年中国开始改革开放，乘着这股东风，从 2003 年开始中国经济以两位数的增长速度飞速发展，一跃成长为世界工厂和新世纪的市场。2007 年国内生产总值（GDP）超越德国，成为全球第三大经济实体。短短三十年所取得的经济发展成果让中国老百姓自己也觉得惊叹不已。看看三十年前拍摄的城市照片，大家都不由地惊叹道："当时走在大街上的人没有一个肥胖者。"

每当听到这类议论或者置身其中时，我都不由地想起以前读过的一篇报道。

1997 年 9 月 3 号《每日新闻》晚报中刊载了一篇文章，其内容可以一窥南苏丹饮食生活的一角。文章刊登在黑田彻撰写的专栏《世界一瞥》上。我平时一直在认真阅读这个专栏。在这个专栏中，我发现了一篇有趣的报道，在此引用其中的一部分。

"住在南苏丹提爱陶地区的丁卡族男性越胖越受欢迎，每年夏季这个地方都会举办赛事，选举最具魅力的'丁卡先生'，在大赛开始前三个月，参赛者就开始拼命喝牛奶，让身体胖到极限，几乎达到小锦八十吉的水平（相扑选手，最重时285公斤）。但是由于他们并非是因为运动而胖起来的，所以最后有的人步行也要依靠拐杖。肥胖的男性拥有足够多的奶牛可以让他们尽情畅饮牛奶，也就意味着他们是富豪。丁卡族的女性也毫无顾忌地说：'喜欢胖男人。'"

在日本，有专门的脱脂牛奶在销售，不仅是女性，就连男性也在认真思考瘦身问题。今天，瘦身热也席卷了神州大地。同日中两国的日常生活相比较，南苏丹丁卡族则喜欢肥胖的男性，认为肥胖者即有钱人。对于这种生活方式，我深深感受到了思维方式、价值观和饮食生活习惯的差异。

虽然没有详细地查阅资料，但是根据手头的资料可以得知：苏丹人口密度每1平方公里10人，2000年人均国民生产总值不足400美元。还有一份稍微旧一点的资料，三省堂出版的《世界国家手册》中对苏丹的介绍如下："大部分国土为海拔200-500米的高原，北部地区为努比亚沙漠，中部是被称为'埃济拉'的灌溉地，南部是叫做'斯捣'的茫茫沼泽地。全国气候干燥，越往南降水越多。4-6 月哈布尘暴肆虐……虽然是号称非洲面积最大的国家，但是耕地面积却不足国土面积的 5%。再加上 1984 年之后的数次大干旱和内战，包括 200 万难民在内的 900 万人处于饥寒交迫的状态。"

虽然现在不大提及 1984 年之后的大干旱和内战所带来的大量难民，但是我们不难想象苏丹这个国家是处在多么严峻的自然环境之下。在这种严酷的环境下生活有多么艰辛。身处丰衣足食的日本，我们很难想象苏丹自然环境之恶劣、生存之艰苦。大概是由于这种原因吧，才让苏丹的女性将目光投向了"有钱人"——即那些拥有足够多的奶牛、可以尽情喝牛奶的男性，这里面自然也隐含着"肉食者"即"有钱人"的思维。

5

过去不能用咸菜待客的中国家庭

这么说来，我想起了一件事情。在 1980 年代中期，外国人无法到普通中国人家里拜访。即便是因为私事拜访中国人，也要事先得到有关部门的批准。

在那样一个特殊的年代，有一天，和我在同一所大学工作的日本老师要到我家里来玩。当然此行得到了大学的许可，是"合法的访问"。父亲正在绞尽脑汁准备招待客人，我不经意地提了一个建议：也准备一些咸菜吧。父亲听后勃然大怒："你怎么会说出那么拙门的话？外籍教师到我家做客，不用荤菜招待客人却要准备咸菜，你脑子有问题呀。"

虽然我拼命解释日本人喜欢吃咸菜，吃饭的时候习惯摆上点咸菜，但是父亲根本不听我的解释。我这个当儿子的怎么也算是个日本通吧，父亲却对我的建议置之不理。最后，父亲顽固地坚守了中国人的待客之道，备齐了当日的菜单。当然菜单里都是足量的大鱼大肉。虽然心里觉得对不起到访的日本老师，但是我却无计可施。

中国人生活在孕育了畜牧文化的环境中，对于他们来说，荤菜是招待远方来客的最佳食物，无论古今都不会改变。

　　来到日本以后，跟着中国的访问团数次到日本人家里拜访。我几乎每次都会把父亲招待客人的事情讲给他们听。如果不讲这件事情，万一访问的家庭在最后把米饭和咸菜摆上餐桌，而到访的中国人如不了解日本人的饮食习惯，可能会误认为"日本人看不起自己，打心底里不想招待我们"。

　　对于来自以"羊大为美"国家的客人，最好还是用鱼、肉招待为好吧。

　　关于咸菜的趣谈还有续篇，那是 1999 年的事了。

　　我这个人有一个坏习惯，每次去国外总是掐着时间。有好几次都是登机柜台即将关闭的时候我才匆匆赶到。

　　那一天也是一样。航空公司的女职员快速帮我办好了登机手续。我跑呀跑呀，好不容易要抵达登机口的时候，突然想起忘了给北京的朋友买礼物。这该如何是好？我一边着急得不得了，一边拼命寻找着两边的免税店等，看哪一家店人少。没有时间挑挑

中国人生活在孕育了畜牧文化的环境中，对于他们来说，荤菜是招待远方来客的最佳食物，无论古今都不会改变。

拣拣了，看到眼前有一家店铺，我顺手抓起一把东西就急忙买了单，作为最后一名乘客冲进了机舱。

我瘫软在座位上，汗水快干的时候想要整理一下行李。突然想起刚才买的礼物，拿出来一看，脸一下子都变青了。我买的竟然都是日本咸菜。在中国，咸菜价格不高，拿来送人的话会被人家嗤之以鼻。但是飞机已经滑动了，我只好作罢。

到了北京，我避开朋友的视线战战兢兢地把这些咸菜送了出去，嘴里虽然特别强调了一句"这是我特意挑选的日本美味"，心里却相当忐忑不安，父亲的怒容还印在我的脑海。

"上次收到礼物的朋友拜托我再买一点那种咸菜，哪里有卖的？"后来听到别人这么问我，我非常高兴，心里的一块石头终于落地了。

而同时，也深深感受到中国人审视咸菜的目光发生了很大的变化。我真切地感受到：不能用咸菜招待外国人的礼节正在变成过去式。

6 鱼贝类压阵的本膳料理

日本深受中国文化的影响，自古以来就效法中国，对各种场合和仪式中所需的宴席的礼节和菜单作了详细的规定。平安时代延长五年（927）所写就的《延喜式》中详细记载了这些规定。

平安时代的宴席样式到了室町时代，在武家和贵族社会有了很大发展，逐渐诞生了一种叫做"本膳料理"的饮食文化。当中最豪华的要数"七五三膳"，本膳七道菜，二膳五道菜，三膳三道菜。

金子浩昌等人写的《日本史之中的动物事典》描写了这一场景。宽永三年（1626）秋，前任将军德川秀忠和现任将军德川家光进京，他们在二条城举办了盛大的宴席招待到访的后水尾天皇。菜单大致如下：

六日的晚宴中，本膳有醋拌生鱼丝（鲷鱼、海参等）、酱菜、汤菜（松蘑）、饭，二膳有整烤鲣鱼、鲈鱼、凉拌芋头茎、汤菜（盐煮鲈鱼）；三膳有章鱼、贝、对虾、金佛花。然后还准备了辅菜、清汤、点心等。

在平安时代，贡纳的租赋物品也以鱼贝类、海藻等海产品居多，属于动物的贡纳物品顶多只有鹿肉干、鹿脯寿司、鹿寿司、野鸡、野鸡肉干、猪脂等。

根据《和名抄》统计的当时的食物种类一览可以得知：野鸡等动物只有 11 种，鱼贝类有近 60 种。如果再加上海藻类的话，海产品的数量还要丰富。

平安时代的宴席样式到了室町时代，在武家和贵族社会有了很大发展，逐渐诞生了一种叫做"本膳料理"的饮食文化。

7

七夜和
百日宴

鱼贝类不仅在贵族阶层的饮食生活中占据重要的地位，而且也深深地渗透到普通老百姓的生活当中，融化到日本的民俗乃至市井习俗之中，酝酿出浓郁的海洋文化特色。

比如我们可以看看为小孩子庆生时的菜单。最早一次庆生在婴儿出生后第七天举行，一般称为"七夜"。当然因为孩子刚出生，只能吃母乳。此时主要庆祝的是大人的喜悦之情，小孩子还没真正成为庆生的主角。为此，庆贺时的菜单也就仅仅是红豆饭、烤鱼罢了。

下一次庆生是孩子出生后第一百天举行的"百日宴"。据《图说江户时代饮食生活事典》记载，此时还是以红豆饭和烤鱼为主，不过在喜宴当中有让孩子吃一粒米的习惯。也就是让小孩子口含米饭。

顺便说一下，在中国也有同样的庆贺方式。

我的女儿在上海迎来了她的百日时，我记得在那一天我们也举办了这类仪式。但是当时无论对我来说还是对妻子来说，这是我们的第一个孩子，对于这些风俗我们一点也不懂，就没有主动要求举办。反而我母亲对第一个孙女的百日宴很起劲，于是我们就全权委托她操办了。

据说在日本，每逢孩子百日宴的时候，都喜欢用鲂鮄、黄鱼、红娘鱼等头大且坚硬的鱼。这里面饱含着为人父母者祈求自己的孩子出人头地的美好祝愿。好像还有一种风俗，为了让孩子牙齿长得坚硬，还会让他们舔一舔章鱼脚。在阅读本书的读者当中，有不少人是亲身经历者吧。有机会的话，真想听他们谈一谈体验。

随着近代化的推进，农耕文化不断衰退，不知现在这一习惯是否还保留着。在大阪的北河内地区有一种叫做"植半夏"的活动。据刚才提及的《图说江户时代饮食生活事典》记载，插秧结束以后会摆宴庆祝，菜单当中一定会放入章鱼这道菜。为何要把章鱼加进去呢？

原因有二。插秧结束一般在 5 月 27 日 -28 日，此时的章鱼叫做"麦秸章鱼"，味道非常鲜美，这是原因之一；还有让章鱼用脚部的吸引力把秋日的硕果都吸收到自己的田地里。这是原因之二。鱼店老板告诉我一个过去的趣谈，因为过去物流不发达，在大阪进货的章鱼要连夜送到老主顾家，他们就把章鱼用钉子钉在客户门口。

日本人的日常生活和文化同中国人的农耕生活真是有着天壤之别。

在日本，每逢孩子百日宴的时候，都喜欢用鲂鳙、黄鱼、红娘鱼等头大且坚硬的鱼。这里面饱含着为人父母者祈求自己的孩子出人头地的美好祝愿。

食不厌精

1

不知海胆
为何物

　有一位日本教授前往中国作了一项关于食物的调查。教授在调查过程中发现了一件事情，就是有的鱼名中国人不知道，特别是海鱼的名字。

　　不过，这也不能怪他们不知道。虽然中国的海岸线比较长，但是对大多数中国人而言，可以说中国主要还是离大海很远的内陆国家。在交通落后的过去就不用说了，即便是在飞机、铁路等交通手段很发达的现在，还有许多中国人没见过大海。因此在现在物流体系尚在完善中的中国，同日本人比起来，很多人还鲜有享用海鲜的机会，所以对有的鱼的名字不知道也就不足为奇了。

在日本，受别人宴请时，说句实在话，我通常都会选寿司或刺身等料理而不是选中国菜。出版社、电视台的人知道我的爱好，每逢新书出版或节目播出，他们都会在寿司店为我举行庆功宴。

我是一个吃货，每当钻进寿司店的暖帘，一杯啤酒握在手中之后，我的心情立刻就会澎湃起来。然后就会肚腩、甜虾、星鳗、鲷鱼等点一大堆寿司，我几乎没有不喜欢的。虽然我喜欢日式料理已经名声在外，但是有一样东西却不行，那就是海胆。

"你竟然不吃海胆？"做编辑的同行和电视台的制作人听说我不吃海胆之后都惊讶不已。看到我点头称是后，他们几乎异口同声地说："这太可惜了。"

我知道海胆价格不菲，但是对于不喜欢的东西不能因为价格高而硬着头皮去吃吧。妻子知道我的爱好，每逢举行庆功宴的日子，她总是想跟着去。因为她和我正好相反，嗜海胆如命。有时我自己会感叹：贫贱夫妻在这一点上倒是挺般配的。如果我们两

鲷与羊

在辞典中，海胆的汉字被标记为"海胆"和"雲丹"两种。前者指的是生活在海里的辣皮动物，后者指的是用盐调制成的辣皮动物海胆的卵巢这一食品。

个人都喜欢海胆的话，寿司店的暖帘恐怕就不太容易进了。

前些日子读报纸时，我得知平时寿司店提供的海胆实际上是海胆的精巢和卵巢，明白了这一点后，我立即觉得心安理得了。

在前一章节《你能分别叫出来吗》当中，我已经坦言告知我不吃鱼子。在读那份报纸之前，我丝毫不知道摆放在白色寿司饭上面的那些黄黄的、软绵绵的海胆竟然是精巢和卵巢。我一直拒绝吃海胆，这大概是由于我不吃鱼子这一饮食习惯所带来的本能而直接的反应吧。

海胆是高级食材，但是自从知道这些海胆严格地说是精巢和卵巢之后，我觉得自己不吃海胆这一习惯终于有了一个自圆其说的借口。

当然，个人私事如何，跟读者没有一丝一毫的关系。我之所以不厌其烦地讲我对食物的好恶，这本来应属于私生活范畴的事，其目的就是要表达我对日本饮食生活的感叹、钦佩和赞叹之情。

日本人吃海胆的卵巢和精巢，他们尽情地享用了大海的恩赐。

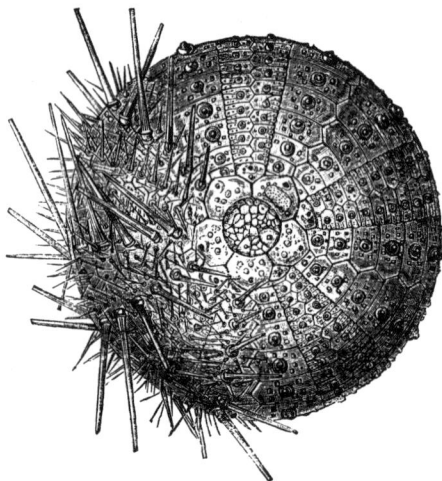

当我明白了这一点之后，在为自己的无知感到羞愧的同时，也深深地佩服日本人对海产品的执着和精通。

　　说到我的无知，让我又想起了一件事情。我常用的《新明解国语辞典》中，海胆的汉字被标记为"海胆"和"雲丹"两种。前者指的是生活在海里的棘皮动物，后者指的是用盐调制成的棘皮动物海胆的卵巢这一食品。词典中写得清清楚楚，而我没有查词典就误把"海胆"和"雲丹"混为一谈。我虽自诩为日本通，却闹了这么个大笑话，真的是无知透顶。

鲷与羊

日
本
人
对
饮
食
很
讲
究

　　细想起来，日本人对海鲜的品尝时期和吃法都很讲究。比如，一过11月，鰤鱼变得肥美，全身的脂肪让白色的鱼皮都鼓了起来。渔民这个时候开始摩拳擦掌，准备捕获鰤鱼。一进入2月，鰤鱼脂肪增多，特有的鱼腥消失了，这时的鰤鱼叫做"寒鰤"，渔民们很喜欢吃。

　　人气很高的"关鲐鱼"（专指在日本丰予海峡所捕获、在大分县大分市的佐贺关卸货的青花鱼）也是如此。在筑地市场泡沫箱子中摆放的不足30厘米长的两条鲐鱼要卖到6 000-8 000日元。关鲐鱼和其他青花鱼的确不一样，即使放个四五天，鱼肉也不会散形，仍像竹筴鱼一样通体透明，皮下的鱼肉比一般的青花鱼要硬实，吃起来很有嚼劲。所以不仅是美食家，就算一般的人也很喜欢关鲐鱼。

　　据田村勇的《海洋文化志》介绍，其秘密在于关鲐鱼的生存环境。一些浮游生物生存于海底喷涌出的温水当中，大量的海底生物聚集到此捕食这些浮游生物，关鲐鱼又以这些海底生物为食。

再加上关鲐鱼在九州大分县佐贺关和四国爱媛县佐田岬之间湍急的海流中经历了千锤百炼，其风味自然不同于普通青花鱼。

3

天下三珍
和各地珍
品

在江户时代，有几种海产品被称作"天下三珍"，深受钟爱。这几种海产品指的是长崎野母（地名）产的乌鱼子、越前的海胆和三河的海参肠。乌鱼子常用来做下酒菜，因九州的大名用作贡品献给朝廷，据说当时价格昂贵。现在很少能捕捉到带鱼子的鲻鱼，所以一般的老百姓根本吃不到。

中国的"八珍"全部是肉食或畜产品（到了后来，淡水鲤鱼也跻身其中），而日本的"天下三珍"皆是海产品或其加工品。

在古代日本，由于受佛教的影响，禁止吃肉，所以以食肉为主要目的的畜牧业就没有发展起来。

虽然日本人被禁止吃肉，但是幸好他们居住在四面环海的国家。仰仗海里的鱼贝类他们得以成功地摄取了人体所不可或缺的蛋白质，并且日本人也非常引以为豪。

《大和本草》可以说是一本记录各地珍品的书籍，把其中的文言文翻译成现代文，大致意思如下：

"鱼类的品种非常多，各地都有独具特色的品种，数不胜数。

各个州的鱼，因其土地有异同，鱼的种类有差别，鱼的形状、味道也不同……"

而且，日本人认为海里的鱼贝类是最美味的食物。江户时代出版的关于食物的书中，将食物分为上、中、下三大类别。"美好的东西上下有别，上为海中之物，中为河中之物，下为山中之物。"也就是说，要论好吃的东西，首推海鲜，其次为水产，最后是山珍。

中国的"八珍"全部是肉食或畜产品，而日本的"天下三珍"皆是海产品或其加工品。

鲷与羊

4

鱼的烹饪方法

　　正所谓一方水土养育一方人，在日本，鱼贝类的烹饪方法非常发达。

　　在中国，宋代太平兴国二年至八年（977-983），李昉等人编纂的《太平御览》可以说是一部百科全书，但是在这部书当中，关于鱼的烹饪方法也只不过写了脍（切碎的肉）、鲭（什锦火锅，鱼、肉等混合起来炖煮）、醋（醋腌的鱼）三种。

　　日本则与此形成鲜明的对比。日本有一本类似的书叫《古事类苑》，该书主要写成于明治时期，即1879-1914年间，从时间上看，比《太平御览》要晚了近1000年。但是这本书中，仅仅关于羹的做法一项就分别记载了使用鳕鱼、小沙丁鱼、鲷鱼、鲈鱼、鲸鱼、鲍鱼、鲛鳒、海参、鲤鱼、鲫鱼、泥鳅等制作汤汁的方法。

　　《重修本草纲目启蒙》一书指出，"咸鱼当中日式说法较多。比如鱼条、盐引、甘盐、生乾、味盐、煮盐、篮盐、盐、压等"，书中还写道，鲸鱼、鲨鱼、鲨鱼皮、金枪鱼、梭子鱼等鱼多油脂。渔民常将这些鱼或其鱼皮煎熬制成灯油。据此可以得知日本人用

鱼油照明。

由此可见，海产品不仅给日本人提供了不可或缺的蛋白质，而且一直到江户时期为止，鱼在日本人的生活当中占据了非常重要的位置。

我不用特意强调，除了四周环海这一特殊的地理环境之外，长期以来禁止吃肉的规定也强化了日本人在日常饮食生活中对鱼类的依赖。在这样的风土环境中，随着岁月的推移，日本人的味觉被不断磨炼，烹饪方法也日益精湛。

5 源自海产的谚语

从日语的谚语中也可以窥视到靠海吃海的日本人的饮食生活特征和构成日语底蕴的海洋文化特色。

比如"秋梭魚に嫁に食わすな"（秋后梭鱼，媳妇难得尝）"土用の蛸は親にも食わすな"（暑伏章鱼香，亲人也难尝）。

顺便说一句，还有一个谚语跟"秋后梭鱼香，媳妇难得尝"类似，即"秋鯖は嫁に食わすな"（秋后鲐鱼香，媳妇难得尝）。

还有一个词叫"麦秆鸡鱼"，意思是石鲈在麦秆长成的初夏时节味道越发鲜美，所谓的"石鲈"，是和鲈鱼类似的矶鱼。

现在的日本人暂且不论，但可以说古代日本人的饮食生活非常重视时鲜货。

知道鱼贝类的味道何时鲜美，反过来也就是说，日本人也知道何时味道不鲜美。实际上在日语表达方式中的确有不少这一类的例子。

和上面的"麦秆鸡鱼"类似的说法还有"麦秆鲷鱼"，但是它要说的意思恰恰相反。其意是说麦收时期，在濑户内海捕获的

鲷与羊

鲷鱼，因为已经过了产卵期，颜色发黄，脂肪少，味道不佳。

类似的例子还有："三月比目魚犬も食わぬ"（三月比目鱼，狗不理）、"五月の腐れ鯛"（五月的烂鲷鱼）。前者强调的是比目鱼在农历三月口感变差，也可以说"三月比目魚貰っても食えぬ"（三月比目鱼，白给都不吃）。后者说的是五月的鲷鱼口味差。

这类谚语在中文中非常少。

6

以前，我曾到访过静冈县登吕遗址。

据介绍，经过考古学家们历时 4 年的实地调查，把登吕遗址的存在时间推算为公元 100-200 年间，距今约 1800 年前是比较合理的。

登吕遗址是弥生时代的遗迹。弥生时代继绳文时代之后，先于古坟时代，大约横跨公元前 3 世纪到公元 3 世纪这段时间，大致相当于中国的汉代（公元前 202-220 年）。

登吕遗址中一共发现了 12 处住址，2 个仓库。以古代村落的规模推定的话，大概属于一个 60-90 人的村子。

出土的物品当中有工具、农具、渔具、捕捞工具、炊事工具、餐具、火器、织布工具、装饰品、占卜用具、祭祀用具等。作为粮食补给的手段，好像捕鱼很重要，发现了各种形状的渔网坠子和鹿角制的鱼钩。在这些出土的东西当中未发现家畜等留下的骨头，只在住址的周围发现了鹿的肩胛骨。相反，在畜牧业发达的中国，从古代遗址当中经常能出土一些家畜等留下的骨头。

在登吕遗址完全看不到一丝饲养过家畜的痕迹。我不禁感到十分意外。

中国的『八珍』之恋

1

猪的下颌骨为随葬品

在中国，早在7000-8000年前的原始氏族社会（主要是新石器时代），就已经开始饲养猪、狗等家畜。

仰韶文化是代表新石器时代的两个原始文化之一，在其代表性遗址——陕西省西安的半坡村遗址当中发现了猪骨头等东西。但是据中国科学院考古研究所编写的《新中国的考古收获》（文物出版社1961年版）记载，经过对出土的猪骨头进行鉴定，发现大多数是小猪，成年猪很少。这也就说明了当时人们的粮食不足，饲料也短缺。

　　另外一个原始文化是龙山文化，同属于新石器时代，晚于仰韶文化。在仰韶文化时期，饲养的家畜仅仅是猪和狗两种，数量也不多。到了龙山文化时期，家畜饲养已经很发达了，猪、狗、牛、羊等的饲养数量激增，在某一处遗址中还发现了马和鸡。

　　特别是猪的下颌骨象征着财富的多寡，被用作陪葬。在对位于黄河上游地区的原始社会遗址的发掘中，发现随葬品当中有猪的下颌骨，少则2块，多则68块。可以看出，除了羊的肩胛骨之外，猪、牛的骨头也被用来当作卜骨。

　　在中国，随着古代村落遗址的发掘，出土家畜等动物的骨头是最寻常不过的事情了。我用我的已有知识来判断、或者说先入为主地认为登吕遗址中也会出土动物的骨头，但遗址中没能找到任何饲养家畜的痕迹，这使我相当吃惊。

　　细想起来，日本在登吕遗址时期肉食文化仍不发达，而同一时期的中国，即汉代则与此形成鲜明的对比。当时的中国，正如"田家作苦，岁时伏腊，烹羊炰羔，斗酒自劳"（《汉书·杨恽传》）

所写的那样，肉食已经进入寻常田舍家，并且知道了从营养学上来说肉食对人体有益的，还诞生了"晚食以当肉，安行以当车"（《战国策》）这样的经验之谈般的诗句。

在仰韶文化时期，饲养的家畜仅仅是猪和狗两种。到了龙山文化时期，猪、狗、牛、羊等的饲养数量激增。特别是猪的下颌骨象征着财富的多寡，被用作陪葬。

在日本的弥生时代之前，即中国的战国时代（公元前 475-前 221 年）编纂而成的一本叫做《周礼》的书，书中记载了"八珍"这道名菜的烹饪方法，这道荤菜耗时耗力。从此处也可以窥见中国的肉食文化或者说畜牧文化之一端。

看一下"八珍"之一"炮豚"的烹饪法，就可以得知这是一项大工程。

首先取一头猪或公羊，宰杀后剖开腹部，摘除内脏，再在腹中塞满枣子，外用芦草精心裹起来，涂上湿黏土，放在火上烧烤。等到黏土全部烤干，将外壳剥开，洗净手之后，擦去肉皮上的灰膜，去掉薄薄的一层肉。再用米粉调成稀糊状，敷在猪的外面，放在油锅里炸。油需添加足够，要没过肉。油本身也要经过严格的工序处理。首先把油放进小鼎，并另准备一只大汤锅，把小鼎放在大汤锅里，用文火连续炖它三天三夜后取出，用酱醋调味后方可用于烹饪。

炖的过程中，要时刻注意大汤锅里的热水绝不可溅入小鼎中，以免破坏肉的风味。

这道工序很费时间和精力。

一想到这些荤菜曾经点缀着古代中国人（虽说只是一部分贵族）的饮食生活，想到他们对肉类烹饪技术的精益求精，我们这些现代中国人作为子孙怎能不为之感动？

孔子在《论语》中说"食不厌精"，紧接着说"脍不厌细。"这鲜明地体现了古代中国人追求新鲜食材，崇尚精制细做的美食意识。

细思之，不论是在东洋还是在西洋，对美食的追求恐怕是人天生的本性吧。但是，由于生活环境的差异，人们所追求的"精"——饮食的内容却有着天壤之别。

3

食
无
鱼

的确，在古代中国人的饮食生活中，鱼作为美味佳肴之一也占据了重要的地位。战国时代，齐国贵族孟尝君因招纳各种门客而知名，号称食客三千。

食客中有一人名叫冯谖。他因不受孟尝君器重，弹其剑，歌曰"长铗归来乎！食无鱼"，藉此表示他的不满。

他不满"食无鱼"的待遇，我们据此可以得知对当时的中国人来说，鱼是珍贵食材。《孟子》也曾说过："鱼，我所欲也；熊掌，亦我所欲也。"由此可以得知鱼是何等的珍贵。

不过，此处所说的鱼，是因为奇货可居才抬高了它的价值。不像日本人那样，是因为某个时期某种特定的鱼很鲜美才视若珍宝，在中国完全是因为鱼的稀有价值才对它宠爱有加。

还有一点不可忘了，那就是古代中国人视野中的"鱼"几乎都是河鱼，而不是海鱼。

物

中国人钟情淡水鱼

1　鱼为信仰的对象

　　前文当中我反复强调中国文化是畜牧文化，日本文化是海洋文化，并且分别举例说明了各自的文化特征。在讲中国文化时举出牛羊等例子，在说明日本文化时则举出鱼等例子。

　　这并不是说在中国文化发展的漫长历史当中可以忽视鱼贝类的作用。翻阅一下中国的典籍，吟咏一下古诗，就会发现鱼在日常生活中扮演了非常重要的角色。想要收集一下中文中跟鱼有关的词汇也不是一件难事。可以说古代中国人的生活环境以及饮食生活都和鱼缘分不浅。不但古汉语当中有许多跟鱼有关的词汇，而且在古典文学中鱼也经常出场。比如《诗经》当中就有"南有嘉鱼"、"鱼藻"等跟鱼有关的诗篇。《诗经》中的"无羊"中就有这样的诗句：

> 牧人乃梦，
>
> 众维鱼矣，
>
> 旐维旟矣，
>
> 大人占之；
>
> 众维鱼矣，
>
> 实维丰年；
>
> 旐维旟矣，
>
> 室家溱溱。

放牧者在梦中梦见了许多人、鱼和龟蛇之旗。遂请来太卜占此梦：众人捕鱼是吉兆，预示来年五谷丰登；蛇鸟之旗飘舞、人

在古代中国人的生活当中，鱼早已成为他们的信仰对象。自古以来，鱼都是祭祀时的重要贡品。

头攒动是好兆头，预示当今王室兴盛。

通过上面的例子可以得知，在古代中国人的生活当中，鱼早已成为他们的信仰对象。自古以来，鱼都是祭祀时的重要贡品。

《礼记·曲礼》中有"槁鱼曰商祭，鲜鱼曰脡祭"的记载。

商周时代的青铜器和彩陶、汉代的画像砖、唐宋时代的金银饰品等，上面经常有鱼的画像出现。

鱼还被用来辟邪。南北朝（420-589 年）以后，中国的建筑物上面又增加了鱼这一造型。装饰屋脊的鸱尾、横跨回廊的鱼形梁、点缀门窗的双鱼木雕等，都可以窥见鱼的重要作用。

鱼还可以被当作吉祥物。

自隋朝以来，鱼符被用作调兵遣将的凭证，只有军令状没有鱼符的话，就无法调动军队。此后鱼符逐渐演变为衣服的装饰，唐代五品以上的高官在正式场合穿的衣服上面皆饰以鱼符、鱼袋。这远远超越了装饰品的功能，成为一种身份和名誉的象征。

2

中国人
生活当
中的鱼

　　从民俗学的角度来看，就会发现迄今鱼仍扮演着家畜无法替代的角色。在古代中国，有已婚女性在农历三月三入河吃鱼卵和鱼卵的替代品流枣的习俗。顺便提一下，如今中国人还保留着在新房的棉被中放大枣的习惯。"枣"字发音同"早"，有祈求早生贵子的含义。

　　到农村去还会发现窗纸（现在大多被玻璃所代替），或正门上贴有双鱼图的剪纸或年画。双鱼图，顾名思义画的是两条鱼在欢快游泳时的样子。年画是春节贴出的绘画，题材仅限于吉祥物。也就是说双鱼图也被认为是能带来吉祥的绘画，喻示着夫妻和睦、多子多孙。

　　中国有段时期独生子女政策执行得很严格，即便门上贴着双鱼图，恐怕也只剩下夫妻和睦这一层意思了。可是鱼具有顽强的生命力，现在还活在中国人的日常生活当中。

　　每年除夕，中国人有全家人欢聚一堂，一起吃年夜饭的习俗。此时菜单中有一道菜不可缺少，那就是鱼。不过，这道菜不可全

吃光。大的鱼，筷子都不能动，必须要留下来。

在日本，鲷鱼喻示着吉祥，宴席中经常使用鲷鱼。

中国人的习惯和日本人对于鲷鱼的情有独钟是完全不同的。

中文中的"鱼"字和"余"字谐音。所以把大年夜吃剩的"鱼"留到第二天，即新年的第一天吃，就意味着年年有余。换言之，也就是每年都能衣食无忧的意思。

为了取"年年有余"这句吉利话的彩头，在除夕会准备一道鱼做的菜，并故意吃剩下来。老百姓追求幸福的心情，不论在哪个国家都是一样的。

3

成语中
的鱼

鱼在中国人的饮食生活当中占据了重要位置。把考察的年代限定在古汉语的成长时期，把考察的范围限定在古汉语取得初步发展的区域，即把范围缩小到夏、商、周的首都周边地区的话，无论是谁都能轻而易举地发现中国的古典（前面提到的《诗经》也包括在内）当中所说的鱼几乎都是淡水鱼，即河里的鱼。

下面是从《现代中国语成语辞典》（日外协会出版）、《中国成语大辞典》（上海辞书出版社）中撷取的例子，看一看这些例子就可以一目了然。

城门失火，殃及池鱼：城门发生火灾，取护城河的水去灭火，护城河里的鱼遭受牵连，用来比喻遭受无辜牵连，还可称"池鱼之祸"。

浑水摸鱼：趁着池塘里的水浑浊去捕鱼。比喻趁混乱时机攫取不正当的利益。和日文中的"火事場泥棒を働く（趁火打劫）"意思相同，还可写作"混水摸鱼"。

为渊驱鱼：正如水獭无法潜入到深渊当中捕鱼，鱼从深渊游出来，它却把鱼赶回到深渊去了一样，比喻不善于团结人，把可以团结过来的人赶向对方。

临渊羡鱼：面对河水羡慕水中之鱼，比喻空怀壮志，不付诸行动，就不能如愿以偿。

得鱼忘筌：捕到了鱼，忘掉了筌。比喻事情成功以后就忘恩负义。

鱼游釜中：就像鱼儿在锅里游动一样，比喻身处险境无处逃生，危在旦夕。还可以说"釜底游鱼"。

这些成语都可以从中国的古典当中找到出处。比如"为渊驱鱼"可在《孟子·离娄上》中找到。"临渊羡鱼"出自《汉书·董仲舒传》，其后半句是"不如退而结网"，指的是与其空怀壮志，倒不如脚踏实地地去努力。"鱼游釜中"引用自《后汉书·张纲传》，明代小说《封神演义》中，在其后又添加了一句"肉在几上"，组成了一个对仗工整的句子。

4

鲤鱼跳龙门

这些例子当中所出现的池中鱼、渊中鱼，不用说指的都是淡水鱼。捕鱼之后忘记的"筌"也不是捕海鱼时用的工具。在釜中优哉游哉地漫游，不知死之将至的傻鱼仍应是淡水鱼。

上面的例子中虽然没有出现，但是在跟鱼有关的谚语和成语当中，经常出现"泽"、"泉"、"河"、"水"等汉字。显而易见，这些汉字都和大海没有任何关系。毋庸置疑，生活于其中的不是海鱼，而是淡水鱼。

另一方面，民俗性的绘画和谈话中经常出现的双鱼图等中的鱼，大多数情况下指的是鲤鱼。鲤鱼之于中国人就像鲷鱼之于日本人一样。承担跳龙门重任的是鲤鱼，祈求五谷丰登的年画里出现的、娃娃抱着的鱼也是鲤鱼。祝愿夫妇和睦、多子多福的双鱼图中画的也是鲤鱼。

如果菜肴当中使用的鱼是鲤鱼或鲫鱼的话，那就是很上档次的鱼了，价格自然会上涨。

到黄河中游地区去，就会碰到"糖醋鲤鱼"这道菜。当地人都会很自豪地说"这可是黄河里的鲤鱼啊"，听得我的耳朵都长茧了。

　　如果去到公认的鱼米之乡、富庶的江南一带的话，这次你又会领略到鲥鱼在此地是何等的珍贵。

　　虾也是如此。海里捕捞的虾要比河虾便宜。在招待客人时，上海等沿海地区会拿出上档次的河虾。招待方会很自豪地说"这是河虾哟"，借此强调自己的好客之情。可是我从来没有听他们说过，"这是鲷鱼"、"这是本地特产的大马哈鱼"。

　　总而言之，对古代中国人来说，大海是模糊生疏的，他们也不像了解身边的牲畜那样了解海里的鱼。中国人远离大海，成长在重视畜牧的环境当中，使用着带有浓厚畜牧色彩的语言。在此过程中，同生疏的鲷鱼等海鱼相比，他们觉得身边的家畜更为亲切，并借此来表达自己的思想。何止是家畜，居住在内陆的人们还把生长于流经内陆的大江大川和栖息于星罗棋布的湖泊、沼泽、池塘中的淡水鱼拿来表达自己的内心世界。

战国时代的儒学家荀子在著作《荀子·荣辱》中写道："俄而粲然有秉刍豢稻粱而至者，则瞠然视之曰'此何怪也！'。"

意为：如有人从来没有见到过牛、羊、猪、犬、稻粱，即便叫人搬来牛、羊、猪、犬、稻粱，此人也必以为眼前所见皆是鬼怪。

反之也是如此。在对海鱼知之甚少的人们的词汇中，海鱼便不能频繁登场。中国人对淡水鱼耳熟能详，像"即便臭了也是鲷鱼（腐っても鯛）"这种使用海鱼的谚语，是不可能从他们的嘴里说出来的。

何止是语言世界，在我家，现在做鱼汤时，除了雪里蕻咸菜、黄花鱼之外，主要还是以河鱼为食材。写本书的时候，秋意一日浓似一日，正是鱼汤越发鲜美的季节。

东京 JR 御徒町站前有一家叫吉池的鱼店，时不时地会卖一些便宜的河鱼。当我经过这家鱼店旁边的时候，就会暗忖：如果有价廉物美的河鱼，今晚就要做道鱼汤吧。此时，脑海里已经浮现出鱼汤冒出热蒸汽的场景。

1

隐语中的鱼贝类

我记不清是什么时候的事情了，某位演艺圈的人士在离婚时说他的前妻是"金枪鱼女人"，这句话却奇妙地留在了我的脑海里。

当时我百思不得其解，为什么金枪鱼这种鱼能同他的妻子扯上关系？

我通过查阅字典等，终于明白了他想表达的意思。知道了他的意思之后，我很生这位艺人的气，并且同情起那位被他诬蔑为"金枪鱼女人"的女性。

所谓的"金枪鱼女人"，指在性生活中像死鱼一样没有反应的女人。无论如何也不能用这种侮辱性的说法来对待自己的前妻，

我不由得怒火中烧，并开始瞧不起这位艺人。

不过，从语言现象的角度来看，通过这个例子，我们可以看到在日语的隐语当中，有许多以鱼、贝等海洋生物或水产品为比喻对象的例子。

下文粗略地罗列了一部分此类隐语。

鲍鱼：女阴。

鳎：钝刀。

鲷鱼：一、比喻巨大的利益和珍贵财宝。二、美女或穿着漂亮的女人。

鮟鱇：一、傻瓜。二、在街头等地方百无聊赖地等待工作的日工。三、娼妇的别称。

鲔：私娼。

杂鱼：比喻地位低的人、微不足道的人。

鮹：一、对僧人的蔑称。二、吸引力强大的女阴。

鲸：眼睛细长的人。

鲷与羊

鳆：又胖又丑的女人，丑妇，或者指孕妇，等等

虽说是隐语，但是为何用某种鱼来指代特定人的容貌或身体的某一部位呢？在外国人看来，实在难以理解。

但在日本人看来，大概是因为有引起共鸣的地方，所以才产生了这些隐语吧。

拿鮟鱇来说吧，因为动作迟钝，被用来比喻发呆的人或傻瓜。从一动不动，安静守候猎物的到来这一点出发，引申出在劳工市场等待工作的日工这一层意思。还有，因为鮟鱇是挂起来一块一块地割下来卖的，从切开零售这层意思，被用来指代娼妇。

鱼的称谓所持有的这些派生的意义，让我们可以窥视在浓厚的海洋文化环境下生存的日本人的思维的片鳞半爪，并且有不少词汇还让我们发出由衷的感叹。

或许正是因为日本人过着环海而居的日子，所以才很自然地把这些用法吸纳到他们的生活当中。而从中文的"鱼"字中，几乎找不到这些派生的意思。

2

在黑社会中也大显身手的鱼贝类

有意思的是，在日本所谓的黑社会中，也把海洋生物当作隐语来大量使用。

比如：

盗贼的同党之间使用的隐语有：鳎（看守）、鲍鱼（锁）、虾（辣椒）、鲷鱼（下酒菜）、鲱（高等法院）、章鱼（一、绳梯；二、日式细筒裤）、鳗鱼（妇女系的细带子）、带鱼（佩刀或佩剑，穿制服的巡查或看守）、螃蟹（剪刀）……。

地下社会中所使用的隐语或关于女性性器官的隐语，在当今的日语当中已经不大常用或者只在少数地区使用。不过在文章当中，比如体育报纸、小说中，现在还能遇到此类隐语。

学习日语的外国人或许会许对"鱼"的这些使用方法找不着北。别的国家我不大清楚，但是中国人绝对不会从"蚬贝"、"樱蛤"、"褶纹冠蚌"中联想到女性的性器官。自从知道了这些词的引申意义以后，有时吃寿司时我会不由地胡思乱想，自觉罪孽深重以至有点暗自狼狈。真是知事多时烦恼多，也应了"眼不见心不烦"这句老话的意思。

154　　　　　　　　　　　　　　　　　　　　　　鲷与羊

3

犬 子 和 千 里 驹

虽然称不上是隐语，但是中文当中也有一些迂回的表达方式，使用家畜或动物来指代人。

对于那些品行卑劣、平庸低微、不值一顾的人，常使用"狗鼠"（像走狗和老鼠那样的人）、"狗彘"（像狗猪那样品行卑劣的人）、"鸡鹜"（像鸡鸭那样平庸的人）等词语来代指。

经常使用"豚儿"（小猪一样的人）、"豚犬"（如猪狗一样微不足道的人）、"驽马"（愚钝无用的马）、"犬儿"等贬低自己的表达方法来谦称自己的孩子。谦虚地表述自己的年龄时用"犬马之齿"、谦称自己时说"驽下"（像愚钝的马一样没有才能的人）。

反之，当赞扬那些了不起的人物时，也还是使用家畜、熟悉的动物来打比方。比如用"千里驹"、"千里马"来形容青年才俊；用"老骥"来形容那些虽已老去，但仍胸怀凌云之志的名将或杰出的人物；用"骏才"来形容那些才智双全的人。这种情况下当然是满含着赞美之情的。"骏才"一词在日本也用得很普遍。

在以马代步的古代，日行千里的宝马常常获得美誉，由此产生了"千里驹"的说法。

鲷与羊

在中国的古诗中也有许多这样的说法。"老骥"一词出自《龟虽寿》，是《三国志》中的大英雄曹操所写。

老骥伏枥，志在千里。

虽然那些久经沙场的名马已经垂垂老矣，被拴在马槽边，但是仍胸怀驰骋千里的豪情壮志。据此用"老骥"一词来形容那些依然壮志凌云的老英雄。

在解释说明处于复杂关系中的人物时，也用家畜来比喻。如，在形容父亲坏事做尽，儿子却品行端正时，称其子为"犁牛之子"等。

在古代中国，被用来祭祀的牛必须颜色纯正、体形端正。如前所述这种牛叫做"牷"，被视为具有极高的价值。反之，那些毛色斑杂的牛因不值钱只能用来耕地，所以被称为"犁牛"。如果这种"犁牛"所生的牛犊子体格健硕、毛色纯正的话，或许也有机会被用来供奉神灵吧。

于是，就产生了这样的意思：即便是坏人的孩子，如果自身能够不断地努力，早晚会得到好的评价。

4 吹牛皮与吹法螺

展开一下，我们稍微看一看现代中国人日常生活中经常使用的俗语，就能明白中国人在揶揄或咒骂某人时是多么擅长使用家畜或身边的动物来形容对方的。这类说法不胜枚举，以下为其中的一部分例子。

牛脾气：性格顽固、倔强。

牛头马面：邪恶的人。

牛鬼蛇神：妖怪化身。

牛角尖：比喻无法解决或不值得为之费心的问题。

老狐狸：狡猾的人。

狐狸精：依靠美色迷惑男人的女性。

马屁：比喻谄媚奉承。

牛皮：吹牛。

狗崽子、兔崽子：讨厌的孩子

……

还有"狗日的"、"狗娘养的"等一些更不堪入耳的词汇，

鲷与羊

其具体意思实难用文字表述，此处略去不表。

"牛皮"和"法螺"的关联比较有意思，我们在下文中仔细看一看。

"吹法螺"对应中文当中的"吹牛皮"，略称为"吹牛"，其名词形式还有"牛皮"、"牛皮大王"等。中文和日文都使用同一个"吹"字，但是中文以家畜、日文以海洋生物为喻体。此处也可以看出中国人和日本人思维上的不同。

隐居山林的僧侣吹的法螺响彻山谷，日文中的"吹法螺"一词由此而来，用来指夸大其词或谎话连篇。我不知道中文当中的"吹牛皮"源自何处。但是每当我听到这个单词，脑海当中总会浮现出一个滑稽的情景。

到黄河中游或上游去的话，过河的时候要乘坐一种叫做"羊皮筏"的运输工具。这是一种什么样的交通工具呢？它首先把羊的肉和内脏去除干净，再把羊皮按照羊的形状原封不动地缝好，做成一个浮囊，里面充入空气。然后把许多浮囊系在一起做成的筏子就叫做"羊皮筏"。

不妨假设它是用牛皮做的，想把这么大的浮囊吹起来，这是人力很难办到的事情。我猜想这或许就是"吹牛皮"一词的词源吧。

教外国人日语时，一般没必要考虑这种隐语。但是要想考察日语中日本文化的特征时，这些隐语从某种意义上来说向我们清晰地展现了日本文化的特征。通过隐语的退化可以探查语言中日本人意识的变化和时代的变迁，这是饶有趣味的课题。

在隐语从某种意义上来说向我们清晰地展现了日本文化的特征。通过隐语的退化可以探查语言中日本人意识的变化和时代的变迁，这是饶有趣味的课题。

惯用语之趣

"宁为鸡口，无为牛后"

前一章节阐述了隐语中的文化差异，下面以惯用语（包括成语典故）为研究对象，进一步进行探讨。

中国畜牧业发达，自古以来，中国人就以肉食为主。他们善于使用耳熟能详的家畜来打各种比方，并习以为常。

比如在劝说和教育他人时，常常使用马、羊等来简明易懂地提出自己的主张，并借此说服对方。这样的例子有很多。

作为现代人，我也经常使用。我写过一本书叫《海外兵团·改变海外市场的新中国人》（日经经济人文库，2002 年）。我在这本书中，通过实际例子对海外华侨源源不断的能量源泉进行了探明。此处顺便说一下，"新华侨"一词指 1979 年改革开放政策提出以后，对那些远渡重洋、并期望移居海外的中国人的总称。我是这个词的发明人。在这本书中，为了说明中国人的行动原理，我使用了"宁为鸡口，无为牛后"一词。

春秋战国时代，有一位叫苏秦的人周游列国，游说齐、燕、韩、

魏、赵、楚六国联合起来西向抗击强秦。当时，苏秦在游说时就使用了"宁为鸡口，毋为牛后"一词。时至今日，这句话仍是中国人的座右铭。

翻译成日语就是"鶏口となるも牛後となるなかれ"。用今天比较通俗的说法就是："与其在大团体、一流企业当中垫底，倒不如去小团体、二流院校中当个小头目。"

"牛"在此处指的是"大团体"，反之，"鸡"是"小团体"的代名词。不是我王婆卖瓜，此前日本人无法理解的新华侨的一些举动，使用这些谚语解释之后，我想他们大概多少能明白一点新华侨们的目标和目的了。

当然，使用谚语典故来说明问题并非我的专利。在中国，这是自古以来经常使用的手法。看一看中国的成语典故和惯用语就会明白，中国人经常使用家畜等动物来说明事物的本质。下面这些成语就是用动物来进行比喻的一部分例子。

亡羊补牢：意思是羊跑了之后再来修补羊圈的漏洞，也不能说为时已晚。经常用来劝说别人在失败之后要及时采取补救措施。

羊质虎皮：意思是说即使羊披上了老虎皮，看到青草依然会喜出望外，遇到狼仍然会颤抖，忘记了身上还披着的虎皮。现在多用来指虚有其表、华而不实。

羊头狗肉：直译的话就是招牌上写的是羊头，实际上卖的是狗肉。多用来指依靠华丽的外表和外观来骗人，实际上表里不一。

鸡鸣狗盗：指的是学习鸡叫的人或者模仿狗进行偷盗的人。换言之就是指那些具有雕虫小技或有三脚猫技能的人。

老牛舐犊：老牛舐牛犊。就像老牛舐舐牛犊一样，形容爱子之心。

老马识途: 老马识路。年老的马因为熟知路途,所以不会迷路。
意思是经验丰富者其判断是准确无误的。

　　这样的例子还有很多,多到足以编纂一本辞典,此处不再
一一举例。

看一看中国的成语典故和惯用语就
会明白,中国人经常使用家畜等动
物来说明事物的本质。

鲷与羊

2

鸡鸣狗盗

　　上文所列举的例子也就是所谓的成语典故，几乎都出自中国的古典。用来简单、明了、形象地说明其中引申出的经验和教训。

　　比如"鸡鸣狗盗"，可以从《史记·孟尝君列传》、王安石《读孟尝君传》中找到出处。

　　如前所述，孟尝君是战国时代齐国的贵族。他因养着一帮食客而久负盛名，号称食客三千。之后，他借助鸡鸣狗盗之士的帮助才得以临危脱险。

　　于是就诞生了"鸡鸣狗盗"这个成语。用来指那些哪怕是只有雕虫小技的人，有时也能解决大问题。

　　故事到此并未结束。

　　北宋的文学家、政治家王安石在读了《史记》中的这一章节之后，提出了不同的意见。他认为："孟尝君门下尽是鸡鸣狗盗之徒，未得一贤士。所以强大如齐国者也没能制服秦国，不但导致了悲剧的发生，连自己也身家性命不保。"

　　这些成语故事充满了先人的智慧和真知灼见，不仅极大地丰富了中国人的语言生活，而且在邻国日本也深受欢迎。

　　事实上，一些成语故事至今仍然鲜活地存在于日本人的语言生活之中。"舐犊情深（舐犢の愛）"、"老马之智（老馬の智）"等谚语，其蓝本显然来自于"老牛舐犊"、"老马识途"两个词。

成语故事充满了先人的智慧和真知灼见，不仅极大地丰富了中国人的语言生活，而且在邻国日本也深受欢迎。

另一方面，日文所处的文化环境同畜牧文化不同，日文中也有同样的语言现象，可以说这是日本人智慧的结晶。

同中文不同，日本人还是以他们熟知的海中生物为比喻对象的。

比如用"鲍鱼的单相思（鲍の片思い）"比喻"单相思"；用"小杂鱼（雑魚）"代指"身份、能力低的人"；用"大鲨鱼（鱶）"形容"鼾声大作、睡得香的人"；用"鲷鱼"表示"巨大利益、金银财宝"。

从我经历过的一件事情说起吧。

1997 年 7 月 31 号的《周刊文春》画报中登着一张前新进党党首小泽一郎歪着嘴的照片。相片的解说词写道："退党者接二连三，小泽一郎纵然如海鲲般咬牙切齿也回天无术。"

为了方便作者理解，旁边又添加了注释："没有实力的人纵然捶胸顿足也无济于事。"

查了查辞典，和"海鲲咬牙切齿（鱓の歯軋り）"相类似的

说法还有"乌龟顿足，干着急（石亀の地団駄）"。

乌龟的出现让我再次感受到海洋文化的气息。

还有一句谚语叫"海鳗混在鱼当中（鱓の魚交じり）"。指的是凡夫走卒身居与他们不匹配的地位或者用来比喻弱小者混杂在强大者当中。类似的成语还有"小鱼混在大鱼群里（雜魚の魚交じり）"、"虾混在鲷鱼中（蝦の鯛交じり）"。

下面几个例子是从《国语大辞典》等书中捡来的例子。

海老で鯛を釣る：用来比喻用极少的成本获取更大的利益，一本万利。

鰯の頭も信心から：像沙丁鱼头这样不名一文的东西，对于信仰它的人来说也视为珍宝。用来比喻心诚则灵，或用来调侃那些执迷于某件事情的人。

烏賊の甲より年の功：用来说明要重视年长者的经验，姜还是老的辣。还可以说"亀の甲より年の功"。

鯖を読む：数东西的时候，想打马虎眼蒙混过关。

/

鲷与羊

鮪を抱いて寝たよう：同床异梦。

蛸の糞で頭へ上がる：自视甚高，不可一世，在别人眼里却什么也不是。

鱶が魅入る：比喻明察秋毫、铁面无私。

鱠に叩く：给某人颜色看，许多人乱打一气。

日文所处的文化环境同畜牧文化不同，日本人还是以他们熟知的海中生物为比喻对象的。

这样的例子举不胜举，在此选一个比较容易比较的点，以日语的"即便臭了也是鲷鱼（腐っても鯛）"和中文的"瘦死的骆驼比马大"这样形成鲜明对照的例子为中心，比较一下中文、日语中的成语。

对牛弹琴：对着牛弹琴，用以讥笑说话的人不看对象（中文）。

授鱼以艺（魚に芸教える）：比喻做徒劳无功的事情（日语）。

杀鸡焉用牛刀：杀鸡何必用宰牛的刀。比喻办小事情用不着起用有才能的人（中文）。

宰鳗鱼用屠鲸的刀（鰻を割くに鯨の刀を用いる）：转自"杀鸡焉用牛刀"，比喻夸大其词。或用来比喻因不匹配，反而更加难以处理（日语）。

远方求骐骥，不知在东邻：到远方去寻求良马，却不知良马就在身边，比喻不知贤能者就在身边（中文）。

鱼目不见水（魚の目に水見えず）：意思是从鱼的眼睛里看不到水，比喻因为离得太近反而看不到（日语）。

宁为鸡口，无为牛后：比喻与其在大的团体中垫底，倒不如到小团体中做头目（中文）。

与其去做鲷鱼的尾巴倒不如去做沙丁鱼的头（鯛の尾より鰯の頭）：意思同上（日语）。

如果把比喻的对象扩大到陆地上的动物和海洋中的生物的话，例子就更多了。

麻雀虽小，五脏俱全：麻雀虽然个头小，但是五脏六腑都齐全。比喻虽然规模不大，但该有的东西一应俱全（中文）。

杂鱼虽小，鱼鳍皆备（雑魚も魚鰭）：小杂鱼也有鱼鳍，因此虽然大小有不同，但是构造上没有差异（日语）。

山中无老虎，猴子称大王：山里没有老虎的话，猴子称王称霸（中文）。

鲫鱼群里，头目是鲫鱼（鮒の仲間には鮒が王）：虾兵蟹将当中做首领的还是虾兵蟹将，小人当中无贤者（日语）。

虎落平阳遭犬欺：老虎流落到平地，连狗都敢欺负它。有才能的人一旦失势也会被才能逊色于他的人欺负（中文）。

鱼爬树上（魚木に登る）：离开了本来的舞台，施展不开手脚（日语）。

瞎猫碰上死耗子：瞎猫误撞上了死耗子，用来比喻歪打正着（中文）。

水母见骨头（水母骨に逢う）：比喻稀奇罕见，很难实现，或用来比喻撞了狗屎运。

日本人依靠海洋渔业支撑起了日常生活，这种营生方式的痕迹在日语的谚语当中鲜明地保存了下来。

1 汉字的根基和六书

从某种意义上可以说，中国文化所持有的畜牧色彩在汉字的形成过程中得到鲜明的体现。

众所周知，中文使用汉字表达。汉字乃象形文字，也即取物之外形而创造出的文字。

要说起作为象形文字的汉字的造字方法，就不得不提及公元100年在中国编纂的最早的一部字典 ——《说文解字》。《说文解字》是东汉许慎（58？－147？）所编撰的经典著作。许慎在序言当中将汉字的造字方法分为象形、指事、会意、形声、转注、假借六大类，即后期所说的"六书"。这种分类方法作为一种标准一直传到后代。

　　"六书"即六种造字方法，主要有以下几种：

　　象形：取物之外形的造字方法。代表性的例子有日、月、川、木等。

　　指事：指的是用汉字的形体来表示事物数量和位置的造字方法。代表性的例子有一、二、三、上、下等。

　　会意：会意是两个独体字的形式和意义组合起来合成一个字的造字方法。代表性的例子有信（人＋言）、明（日＋月）、林（木＋木）、森（木＋木＋木）、炎（火＋火）等。

　　形声：是意符和音符并用的造字方法。代表性的例子有河（三点水＋音符"可"）、榆（木字旁＋音符"俞"）等。

　　转注：把某个汉字的意思转用作其他意思。比如"命令"的"令"字即可当作"长官"之意使用，又可用来转用，称呼像"县令"那样身居一定官职或地位的人。

　　假借：没有相对应的汉字的情况下借用相同读音的其他汉字。

鲷与羊

比如用"华"代替"花"。

　　不过从造字的观点来看，"转注"和"假借"都不是创造新的文字。可以说这种方法充其量不过是扩大了文字的使用范围。实际创造汉字的只有"象形"、"指事"、"会意"、"形声"四种方法。用这四种方法创造的汉字分别被称为"象形文字"、"指事文字"、"会意文字"、"形声文字"。

　　顺便提一下，在被我们称作"古汉语"的古代中文中，严格地来说，"文字"一词实际上指的并非字面意思。

　　在古汉语当中，"文"和"花纹"的"纹"意思相同。

　　比如有一个词叫"文马十匹"。此处"文马"的"文"字和"纹"字意思相同，指的是条状花纹。

　　所以"文字"的"文"指的是模仿物体形状的图画或样子的文字。

　　"字"这个词和表示"增长"意义的"孳"、同表示"愈发增长得快"的"滋"字属于同一类词。把原先就存在的象形文字同各种字形相结合，增加了汉字的数量，也就诞生了这些词。

从"六书"的分类来看，象形文字、指事文字属于"文"，会意文字、形声文字属于"字"。通过"文"和"字"的组合，汉语也即中文由此就诞生了。

在汉语当中，象形文字是最有特点的，它几乎成为汉字的代名词。但是以物体的外形为基础创造图形文字并不是一件简单的事情。有许多东西无法用象形表达出来。比如，不是普通的火而是剧烈燃烧的大火，该使用什么样的象形文字表现出来呢？不是一根根单独的木头，而是有许多根木头，该用什么样的汉字来表达呢？而呈现出更大范围的密集状态时要用文字来表述，该怎么做才能让别人明白呢？

为了解决这些难题，人们想出了会意文字。用两个火字叠加组成"炎"字表示剧烈燃烧的大火。用两个"木"字代表"树林"，三个"木"字代表"森林"。如此一来就可以把想要表达的意思传达给对方。

因此，可以说会意文字是古代中国人下了一番功夫才创造出来的，这里面浓缩了古代中国人的智慧。会意文字把古代中国人的思维栩栩如生地表达了出来。当然若脱离了他们的生活环境，古代中国人的思维方式则无从谈起。

会意文字是古代中国人下了一番功夫才创造出来的，这里面浓缩了古代中国人的智慧。会意文字把古代中国人的思维栩栩如生地表达了出来。

2 | 逃离洞穴时代

　　我想起一个有意思的汉字，就是"家"这个字。按照上文的解释，"家"字当属会意文字。如果让现在的中国人按照会意文字的造字原则，创造一个代表人类居住空间的"家"字，我想大概大多数的人都会在表示建筑物的"宀"下面加入一个"人"字，以此来代表人类的居住空间。

　　在中国大陆，鼓励使用简化汉字即"简体字"。当时的简体字当中曾经就有"宀＋人"这个字，用来代替"家"字，这个字正是出自以上的想法。

　　第一次看到"宀＋人"这个字的时候，由于太像"穴"这个字了，不由地联想到原始人居住的洞穴，根本不会想到这是人居住的地方。不由觉得时代在倒退。所以当《第二次汉字简化方案》被废止的时候，我一下子觉得心宽了起来，仿佛从穴居时代逃离了出来一样。

3

豚安
即之
为处
家家

闲话少说，我们回过头来看一看"家"这个字的造字方法。

如果按照会意文字的造词方法和规则，我觉得"家"这个汉字可以写作"宀＋人"，但是中国人没有使用"宀＋人"，而是用"家"来指示居住的地方，把这个汉字拆开看一看，"宀"代表建筑物，其下方的部首不是"人"字，竟然是家畜的"豕"堂而皇之地横卧其中。

1987年，我回国一段时间，去了黄河中游地区。有一次在洛阳博物馆，不经意间瞄了一眼展示橱窗，里面陈列的一件素烧陶瓷吸引住了我的目光。

这个陶瓷由两部分组成。下面是饲养猪的猪圈，上面是人居住的房间。上面有一部分空间看起来像厨房。人做饭的厨房建在猪圈上方，厨房中没用的垃圾和残羹剩饭就成为猪饲料。可以说我所邂逅的这件陶瓷弥足珍贵，它把创造"家"这个汉字的古代中国人的生活方式呈现给了我们。在征求了博物馆一位年轻的女性工作人员的同意之后，我越过窗户拍摄了一张照

片。因为不是专业人员，拍得不是很清楚，不过陶瓷器的外形依稀可辨。

到此结论也就出来了："家"字的本意是"豕"群居的地方，人们定居之后，其意思逐渐转变为代表人类生活空间的建筑物。

古代中国人原先过着茹毛饮血的狩猎生活，无须定居在一个固定的地方。为了追逐猎物他们大多随遇而安。后来，人们开始追求安定的生活，于是捕获到的猎物不是马上吃掉，而是养大之后再去吃它。在这一过程当中，小猪的数量不断增加，迁徙也就不能随意而为了。另一方面，通过饲养家畜，生活逐渐安定下来，居住场所也就逐渐固定下来。其表征就是"家"这个汉字的出现。

换句话说，家畜养殖的兴起让古代中国人过上了定居生活。由此，我们也可以得知畜牧业给中国文化带来了深远的影响。可以说"家"这个会意文字深深打上了畜牧文化的烙印。

闲谈两句。1996 年 12 月，我为了签订一本书的出版合同到访北京。鉴于我此前的成绩，很快就得到了作者的信任，没用一个小时就完成了合同手续。

因为还有些时间，我就去了北京的古董市场。没有东西看得上眼，正打算打道回府的时候，突然看到了一件有意思的东西 —— 和我在洛阳博物馆所看到的陶瓷一模一样 —— 下面是猪圈，上面是人居住的房子，东西很随意地放在地上，卖家是河北籍的农民。物品的颜色和形状同我在博物馆所看到的一模一样。但是，这肯定是赝品。赝品也没关系，我一冲动打算买下来，不过最终理性战胜了感性，空手而归。

可是写这本书稿的时候，心里产生了一丝后悔。如果我当时把它买下来的话，就能拿出来给阅读本书的朋友们看了，他们一定会很高兴。

书归正传。上文解释了"家"一字的造字方法，对于这种解释也有不同的意见。有一说认为"家"字当中的"豕"字并非养殖的"豕"，而是被用作祭祀品的豕。在古代，士族和老百姓不像王公贵族那样有寺庙可以祭祀祖先，比如祭祀自己的亡父时，只好把羊、豕等祭祀品摆放于屋檐下。这样一来"家"字就应运而生了，据说由此"家"被用来指代士族和老百姓的家。

　　不管怎样，有一点是永恒不变的，过去的畜牧业以猪为首要饲养对象，"家"这个汉字渗透到古代中国人生活的各个领域，并且影响深远。

家畜养殖的兴起让古代中国人过上了定居生活。由此，我们也可以得知畜牧业给中国文化带来了深远的影响。可以说"家"这个会意文字深深打上了畜牧文化的烙印。

鲷与羊

4

长
达
八
千
年
的
养
猪
史

　　1987 年 11 月 27 日，《人民日报（海外版）》刊登了一篇考古文章，文章揭示了古代中国人的生活和畜牧的关系。李璠是中国科学院遗传研究所的小麦研究专家，他分别于 1985 年、1986 年两次前往甘肃省民乐县六垻乡东灰山新石器遗址进行科学考察。在遗址中发现了小麦、大麦、高粱、谷子等作物的炭化籽粒，同时还发现了山羊、黄羊、猪等动物的牙齿和骨头。用碳十四进行测定后断定其年代为距今（5000±159）年以上。

　　1987 年 8 月，我到访了古汉语的诞生地黄河中下游地区，在河南省郑州市郊外的大河村遗址中，我得知此处曾出土大量猪、狗、牛、马、羊、鸡等家畜和家禽的骨头，其中出土最多的是猪骨头，这给我留下了深刻印象。这可以有力地证明畜牧业在当时已经具备相当的规模。这些例子也说明畜牧和古代中国人的生活密切相连。

　　据资料显示，中国饲养猪的历史可以追溯到 8000–10000 年以前。

广西壮族自治区桂林市出土的猪骨被认为是目前可以确认的最早饲养的猪的骨头，说明在新石器时代华南地区已经有了养猪的习惯。浙江省河姆渡遗址出土的猪骨也证明早在 7000 年前长江流域就开始饲养猪。随着时代的发展，可以推测进入发现了甲骨文字的殷商时期，几乎家家户户都在养猪。

看看甲骨文字就可以知道，当时已经有把猪关在圈里饲养的习惯。西周时代（约公元前 11 世纪－前 771 年）也用同样的方法养猪。《诗经·大雅·公刘》中有"执豕於牢"的诗句，由此可以确证猪是关在圈里饲养的。不难想象古代中国人的生活因饲养家畜而发生了很大变化。

在这种环境下，中文不断发展，词汇也逐渐丰富起来。在最能体现中国人思维路径的会意文字上体现得更加明显。所以，端坐于人居住的"家"字下面的不是"人"字，而是"豕"这个字了。

鲷与羊

国字和海鱼

1　『鲨鱼』变成了『沙鱼』

　　1985 年移居日本以后，最让我佩服的就是日本的报纸和杂志当中长年连载的专栏。从这些专栏当中我学到了许多在大学和图书馆学不到的新鲜知识。我自己也暗暗发誓，哪天我也拥有专栏了，一定要办成一个深受读者喜爱的长期连载。

　　我喜爱的长寿专栏中，有一个是 1979 年 1 月 25 日为纪念《朝日新闻》创刊 100 周年而策划的专栏，叫《四季之歌（折々の歌）》，专栏主笔是诗人大冈信。他诗歌的取材纵横捭阖、俯拾古今，前后大约 29 年，一共连载了 6762 次，于 2007 年 3 月 31 日搁笔。至今每当我在阅读《朝日新闻》的时候，还是会下意识

地去扫一眼曾经刊载过他专栏的版面。每每想到连载已经曲终人散，寂寞之情便不禁油然而生。

朝日歌坛评委、诗人佐佐木幸纲评价说："《四季之歌》从短歌、俳句、现代诗到汉诗、歌谣，各种题材无不涉及，乃日本诗歌的大花园。"诚如斯人所言，涉及的诗歌远远超过收录有4500首之多的《万叶集》。年轻的时候我也曾梦想成为一名诗人，所以来日留学以来，我一直在津津有味地拜读《四季之歌》这个专栏，并从其中学到了无数的诗歌和相关知识。

1997年10月8日《朝日新闻》的《四季之歌》专栏中有一首诗歌吸引了我。

> 秋高天气爽，垂钓海中央。
> 沙鱼甲板跳，晚炊渔船上。

> ——椎本才麿

鲷与羊

大冈的解释并不冗长，所以引用如下：

　　"该诗歌收录在《元禄名家句集》（昭和二十九年刊。译者注：1954 年）中，'ハゼ'（译者注：虾虎鱼）的汉字标记一般写为'鲨'，才麿将其拆写为两个字。因为这种鱼很容易钓到，所以一直是秋季休闲垂钓的代表。表示季节的词汇有'鲨日和'、'鲨之秋'这两个词，由此也可以看到虾虎鱼作为垂钓对象是多么的有人气。元禄时期，作为和松尾芭蕉同一时代的诗人，才麿以大阪为据点，挥毫写卜了这首爽快的诗歌。钓上来的虾虎鱼还在活蹦乱跳，垂钓的船上已经做好了米饭。"

　　的确，"ハゼ"用汉字来表达，既可以写作"沙鱼"，又可以写作"鲨"。有时还可以写作"虾虎鱼"。这种鱼诞生于淡水、海水或河海交界处，体长大多在 20 厘米以内，栖于水底。种类众多，一般指黄鳍刺虾虎鱼。顺便说一句，日语中的"汽水"一词，指淡水和海水交汇所产生的低盐分海水。

　　虾虎鱼的汉字写法"鲨"这个字引起了我的兴趣。在中文中，

"鲨"代表"鲨鱼"。无论是在上海高校任教时，还是来到日本后，我经常被邀请到翻译学校去讲授翻译的技巧。每次授课时，我都反复强调："千万不要迷信词典。"

或许编过词典的人会认为我是无稽之谈。正因为我也是编过词典的人，所以我才敢断言。有许多中日或日中词典不负责任，对于植物名字和鱼贝类等的名字，总是胡乱翻译一通，所以有许多被字面意思误导而错误翻译的例子。我的读者中，如有人立志要做翻译，那么请务必记住我所提出的这个提醒。关于动植物的译名，一定要先找出它的学名，然后查阅该领域的专业书籍或专业词典。虽然这一办法耗时耗力，但却是最安全可靠的办法。

书归正传，虽然算不上误译，但是有不少中文和日文的汉字写法一样，意思却有天壤之别的例子。比如"鲇"这个汉字，中文中指"鲇鱼"，日文中指"香鱼"。用食盐腌制的"鮨"在日本变成"寿司"的意思。"鲭"在中文中有"鱼肉混合的火锅"之意，而在日本摇身一变成了"青花鱼"。我小时候经常吃的黄

鲷与羊

鱼鱼干，在中文中叫做"鲞"，这个字传到日本以后，不知从何时起从鱼干变成活鱼，最后又化身为鲨鱼。

中文中的"鲍"指咸鱼或鱼干，在日文中则是鲍鱼的意思。咸鱼或鱼干自然有腥臭之气。不知道此事是真是假，据说秦始皇在巡幸过程中驾崩，运输他尸体的车子当中塞满了咸鱼。一说是为了掩饰尸体散发出的臭味，还有一说是为了暂时隐瞒始皇死去的消息。究竟是出自哪种考虑，此处不作深究。不过它也毫无疑义地证实了中文的"鲍"并非是"鲍鱼"。

中文当中有个成语叫"鲍鱼之肆"。"肆"在中文中指的是店铺。卖鱼干的店铺有臭味，所以用来比喻坏人聚集的场所或坏人小团体。

如果此处的"鲍"指的是鲍鱼之意的话，那么这句成语就成了"鲍鱼专卖店"的意思了。如果上面这句成语讲得通的话，那么此处的"肆"岂不成了美食家钟爱的、可以买到高级鱼的地方，或成了美食家的聚会之意了？宛如在香港九龙的尖沙咀看到的店铺那样。这样一来就说不通了。

其实，在过去，中文中的"鲍鱼"写作"鰒"。《三国志·魏书》中指出倭人的特征："好捕鱼鰒，水无深浅，皆沈没取之"。《中国古典 17·倭国传》的译本解释道："古代日本人喜欢捕捞鱼和鲍鱼等，不论海水深浅，大家都潜入水底捕捞。"

这样的例子还有许多。逐一说明解释的话，颇费笔墨。为了做出简明、经济的解释，我以加纳喜光的《汉字之常识·非常识》（讲谈社现代新书）当中所列举的例子为基础，整理如下：

汉字	中国	日本
鮗	ヒラコノシロ	エソ
鮭	フグ	サケ
鯖	イシモチ	サワラ
鱸	ヤマノカミ	スズキ
鱒	アワアカメ	マス
鰹	ライギョ	カツオ
鱧	ライギョ	ハモ

看到这么多的例子，加纳指出："在中国除了黄鱼之外都是淡水鱼（河豚，物如其名可在河里捕捞），在日本全都是海鱼。江户时代，学者朱舜水亡命日本，他惊讶于日中两国鱼名称的差异，写了《朱氏谈绮》一书，想要阐明其不同之处，但是不明之处还是很多。"

在前一章节中，我曾提到无论是中国人餐桌上的鱼还是日常谈资中所说的鱼几乎都是淡水鱼。无论是日常所用辞典中对鱼名误译的例子，还是朱舜水对中日两国鱼名之差异所表现出的惊讶，实际上问题的根源是一致的，也就是说中国人喜好淡水鱼，日本人则对海里的鱼情有独钟，我们可以在这两点上找到问题的本质。

2

中国古典当中所记载的日本

中国记载日本的书籍，按照先后顺序排列的话分别是《后汉书》和《三国志·魏书》。

这些书中记载日本没有牛、马、虎、豹、羊、喜鹊。另一方面，关于倭人特征的记载，除了先前所提到的"好捕鱼鳆，水无深浅，皆沈没取之"之外，还有"无良田，食海物自活"、"倭水人好沉没捕鱼蛤，文身亦以厌大鱼水禽"等。也就是说，日本没有肥沃的土地，日本人靠海吃海，日本的潜水捕捞人员潜入水底捕捞鱼贝类，纹身的目的是为了吓唬大鱼和水鸟。

《三国志》的作者是晋代的陈寿（233-297 年），《后汉书》的作者是南北朝时期的范晔（398-446 年）。一般认为倭国女王卑弥呼派使者入魏是 238 年。另一方面，日本的弥生时代是公元前 3 世纪左右到公元 3 世纪左右。也就是说《三国志》和《后汉书》在日本的弥生时代及其后问世。可以认为日本人早在远古时期就开始了吃鱼的生活。

青森县三内丸山遗址留有绳文时期日本人的生活痕迹，从该遗址中出土了野兔等兽骨、鱼骨以及海狗等海兽的骨头。根据 1996 年 7 月 13 日《朝日新闻》的报道，通过对出土的鱼骨头进行分析，三内丸山遗址出土的鱼骨头大多是鲨鱼、鲣鱼等远洋鱼类。也有体长近 1 米的鲷鱼。处理这么大的鲷鱼，据说一种办法是把它大卸三块，另外一种办法是干蒸。除此之外，还有现在餐桌上常见的鳕鱼、鲽鱼、比目鱼、竹筴鱼等。绳文时期日本人的美食生活鲜明地展现在我们面前。

如果说羊、猪等家畜的饲养促进了汉字的诞生，并构成了中华文明的底蕴，那么构成大和文化底色的就应该是鱼贝类所代表的海洋文化吧。畜牧给中国汉字的诞生以巨大的影响和启迪。同样，海洋文化在日本吸收汉字文化、形成本国文字体系的过程当中也是不可忽视的重要因素。

3

因需而生的『国字』

　　前面提到了加纳先生，他在中国进行学术调查时，得知中国人竟然不太熟悉海鱼的名字，感到非常惊讶。正如我前面说明的那样，如果考虑到中国人日常所熟知的是淡水鱼，即河里的鱼，就会知道这是很正常的事情，没有必要为此吃惊。

　　问题是，在喜好海鱼的环境中使用中国人所创造的汉字时会产生诸多不便，有时甚至会出现词不达意的情况。产生大量错误翻译的原因也大多在此。海鱼对日本人来说是耳熟能详的东西。他们在日常生活当中，必须要使用汉字来表示这些鱼类。

　　因为有这种需要，古代日本人创造了许多貌似是汉字，实则是日本自己创造的汉字，来满足实际需求。这些汉字在中文当中是不存在的。这些日式汉字被叫做"国字"。

　　搜集一下这些所谓的"国字"，数量相当可观，大多数都用来表示海鱼。正如先前我所指出的那样，日本人以海洋文化和海洋渔业为生命之源，可以说这些语言表达方式的诞生是源自他们的实际需要。

　　　　　　　　　　　　／

比如"鳕"字，《安斋随笔》解释为："鳕读作'tala'，字典中没有这个汉字，因为这是我国造的字。有训读而无音读。中国没有鳕鱼，故无此汉字。"

　　如前所述，汉字的基本造字方法是"六书"。象形文字和指事文字是汉字的基本要素，创造这些汉字之时需要高度的创意性，量产也很困难。而且让这些汉字生根发芽固定下来也需要岁月的检验。

　　与此不同的是，会意文字和形声文字吸收了象形文字、指事文字的灵感，如果对汉字有基本的理解并且有社会需求的话，则可以相对简单地创造出来，也很容易固定下来，获得市民权。

　　从这个意义上来说，日本人所创造的汉字——"国字"，几乎都属于会意文字。一部分汉字造字的灵感来自于形声文字，不过既然是"国字"，就没有音读了（鲛鳒的"鳒"一部分属于例外）。

　　我们把一部分代表鱼贝类的"国字"分成会意文字和形声文字来看一看。

会意文字类：

鮗（このしろ）：由"鱼＋冬"构成。表示这种鱼在冬天的时候最好吃。

鮱（おおぼら）：由"鱼＋老"构成。长大后的鲻鱼。

鮲：由"鱼＋伏"构成。一、读作"马胎（mate）"，指的是生活在浅海淤泥当中的贝。二、读作"烤漆（kochi）"，指生活在海底沙滩里的鱼。

鯎（うぐい）：由"鱼＋成"构成。指生活在河流湍急的地方的鱼。栖息于河流上游的读作"哈呀（haya）"，栖息在入海口的读作"马陆它（maruta）"，要把两者区分开来。两者的总称读作"巫蛊一（ugui）"。因产卵期肚子发红，又被叫做"红腹(akahara)"。

鯑（かずのこ）：由"鱼＋希"构成。"希"是细小之意。指的是晒干或腌渍的鲱鱼鱼子。

鯒（こち）：由"鱼＋甬"构成。筒形的鱼。

鯐（すばしり）：由"魚＋走"构成。小鲻鱼。

鯱（しゃち）：由"魚＋虎"构成。海豚科海兽，或者想象中的鱼。

鰯（いわし）：由"魚＋弱"构成。

鰰（はたはた）：由"魚＋神（雷神，轰隆隆的雷声）"的会意文字。指雷声轰鸣之时，聚集在海边的鱼。

鱰（しいら）：由"魚＋暑"构成。分布在全球温暖海洋当中的海鱼，在日本本州中部以南比较多。

形声文字类：

鯰（ねん、なまず）：由"魚＋念（音符）"构成。现在中国也在使用。

鱇（こう）：由"魚＋康（音符）"构成。相当于日语当中的"鮟鱇"，中国也在使用。

鰘（むろあじ）：由"魚＋室（音符）"构成。

鱛（えそ）：由"魚＋曾（音符）"构成。鱼的一种，制作

鱼糕的原材料。

鱚（きす）：由"魚+喜（音符）"构成。鱼身为筒形、细长的鱼。

这些汉字有许多"出口"到了中国，鳕、鮟鱇等都是"出口"的代表。

古代的日本人为了正确区分身边的海鱼，下了一番功夫造出了和制汉字。我非常钦佩他们为此所下的一番功夫。

可是，要把海里的生物全部用汉字来表达，并不是一件容易的事情，这需要大量的劳力。于是，对于一部分用不着特意创造出和式汉字来表示的海洋生物或与大海有关联的事情，日本人就借用中文中既有的汉字，创造出了类似的日式复合词来应不时之需。

这类词的特点是都带有"海"字，虽说都属于复合词，但是这些词有一个特征，那就是读法都非常难。这些词不但让日语初学者感到困难，就算是学了很长时间日语的人也会大伤脑筋。这类词汇非常多，被称作"难训词汇"。从这件事情上也可以一瞥日语背后的海洋文化。翻看一下《广辞苑》的汉字·难读词一览，就会发现带有"海"字的难读复合词有 40 个之多。

海人（あま）·海女（あま）、海人草（まくり）·海仁草（まくり）、海月（くらげ）、海石（いくり）、海石榴（つばき）、海老（えび）、海花石（きくめいし）、海参（いりこ）、海苔（のり）、海松（みる）、海神（わたつみ）、海金砂（つるしのぶ）、海星（ひとで）、海胆（うに）·海栗（うに）、海桐花（とべら）、海豹（あざらし）、海馬（あしか）·海驴（あしか）、海獭（らっこ）、海豚（いるか）、海鼠（なまこ）、海鼠肠（このわた）、海蛤（うむき）、海象（せいうち）、海雲（もずく）·海蘊（もずく）、海發（いぎす）、海盘车（ひとで）、海啸（つなみ）、海燕（たこのまくら）、海鞘（ほや）、海螺（つぶ）、海鳗（あなご）、海鰤（ばい）·海贏（ばい）、海鏡（つきひがい）、海蘿（ふのり）、海鷂魚（えい）。

如果在学习日语发音时，知道日语当中有这么多刁钻古怪读法的汉字，大概我当即就失去了学习日语的欲望吧。

时至今日，每当我看到这些让外国人头疼的难读词汇，都不由得暗生一种受害者意识，觉得是被人骗才上了学习日语的贼船。

不过话又说回来了，这些难读的词汇究竟日本人自己能认识多少呢？为什么他们不在读音上再下一番功夫呢？

中山泰昌编写的《难训辞典》（东京堂出版）中竟然收录了116个带"海"字的难读复合词。如果想把刚学日语的人从学习日语的苦海当中解救出来的话，最好让他们读一读这本《难训辞典》。估计对于让他们放弃继续学习日语会有惊人的效果吧。

难读的单词还有很多。

魚籠（びく）（用来放钓上来的鱼的笼子）、柳葉魚（ししゃも）、氷魚（ひお）、赤目魚（めなだ）、雜魚（ざこ）、公魚（わかさぎ）、魚子（ななこ）、岩魚（いわな）……

20 多年来，和这么捉弄人的日语打交道到现在，好歹认识了鱼笼、冰鱼、杂鱼、鱼子、岩鱼这几个汉字。还真应了日语中的那句谚语："庙前小小僧，不学能诵经"（相当于"耳濡目染"的意思）。

　　可是，要是设身处地替那些刚学习日语的人想一想，有时我觉得让他们学习这么难的日语真是不人道的事情。每当看到那些兴致勃勃刚踏入门槛的日语初学者，我实在于心不忍，有时心里会产生一种想要阻止他们的冲动，干脆让他们读一读《难训辞典》，让他们死了学习刁钻日语的念头，去学习另外一门稍微容易掌握的外语。

1 被束之高阁的中国菜刀

　　和一般的日本男性不同，大多数的中国男人都下厨房。有不少人还对自己的厨艺引以为豪。不过，大多数初来日本的中国人在做菜时都会对一件事情大吐苦水：日本的菜刀又细又长、过于小巧玲珑、又轻飘飘的，切菜的时候不免乱了节奏，切大块猪肉时又用不上力气。于是就会格外怀念中国那种粗大笨重的菜刀，甚至有人拜托朋友从国内邮寄过来。

　　但是，在日本待久了就会被日本人同化，不知不觉中就不再迷恋国内那种笨重型菜刀，而是喜欢上日本那种小巧的不锈钢菜刀了。于是，年末岁尾在厨房大扫除的时候，就会在犄角旮旯里

发现那把已经锈迹斑斑的中国菜刀。"日本超市里的肉都是切成片销售的，菜刀老兄你没有施展身手的机会了。"在经过一番感伤之后，菜刀就和不可燃垃圾一起被丢掉了。

这么说来，我家也早已不见中国菜刀的踪影，估计是妻子手腕没有力气，那种大菜刀早就被她嫌弃而打入冷宫了。

2

厨师对解
剖学了如
指掌

谈到菜刀不由得想起"游刃有余"这个成语。中国人经常使用"游刃有余"一词表扬某人做事情时不费吹灰之力。这个词的意思是厨师熟练地运用刀子，游刃于切割的肉当中，比喻技术娴熟，毫不费力。

这个四字成语的典故出自《庄子》的《养生主》，这一章节讲的是厨师的事情。

故事的大意如下：

有一天，一位非常有名的厨师庖丁，在梁惠王面前展示宰牛的技术。梁惠王看到庖丁手起刀落，非常利索，对此敬佩不已。这位厨师听到梁惠王的赞扬，放下手中的刀子对梁惠王说："手艺高超的宰牛人一年换一次刀子，一般宰牛人，一个月就要换一把刀，因为他们的刀刃经常碰到牛骨头。可是请看看我这把刀，已经用了十九个年头，宰杀了几千头牛，但它仍然像新刀一样锋利无比。其实，刀刃非常薄，而肉和骨头中间有一条缝，要比刀刃宽得多，把这样薄薄的刀刃插进去还绰绰有余呢！"

"把薄薄的刀刃插进骨关节的缝隙之间来切牛肉，还绰绰有余"这句话在《庄子》一书中成为"以无厚入有间，恢恢乎，其于游刃必有余地矣"，于是就产生了"游刃有余"这个成语。

　　这个成语很让我吃惊，古代的庖丁没受过多少教育，却对解剖牛了如指掌。

　　庖丁引以为豪的宰牛刀，很难想象是那种巨大笨重型的菜刀。如果是日本那种小巧的刀子倒不难展开想象。那么，究竟是哪一种呢？我还真想知道。

发
解 达
词 剖 的
汇 学

仔细查阅一下中文的话，就能得知跟动物相关的解剖学词汇非常发达。在中国，外科的治疗方法之所以很早就为人们所熟知，大概是由于中国人以动物为食，所以很容易获得解剖学的知识吧。从这层意思上来说，《庄子》中庖丁解牛的故事给我不少启发。

在第一章中《你能分别叫出猪肉和鱼肉各个部分的名字吗？》那一节当中，我分别举出了膲（腹部前端肉）、腓（腿肚子肉）、腴（腹下之肉）、肪（腰部肥肉）的例子，用来说明中文习惯把家畜各个部分的肉分开称呼。不过，这只不过是冰山之一角。当然，包括人类在内，关于动物内脏以及身体器官的词汇也是很发达的。

跟脏器有关的词汇有：心、肝、肾、肺、胰、胆、胃等。

跟身体器官有关的词汇有：腿、腕、手、足、胸、背等。

查阅一下汉和词典或中文词典，很容易就能发现带月字旁的汉字有很多。粗略地列举一下跟骨、肉相关的汉字，就会发现这

类汉字数量非常多。

肋（排骨）、肘、股（膝盖以上部分）、肱（肩部到胳膊肘的部分）、胛（肩胛骨）、胶（胫骨）、脽（尾骨）、膑（膝盖骨）、胡（下垂的下巴肉）、胲（脸颊肉）、胹（脊骨两侧的肉）、肘（肋骨部分的肉）……

汉字传到日本以后，为了让它适应日本的水土，日本人创造了许多当地的汉字。也就是所谓的"国字"。可是，在跟脏器和动物器官相关的文字、词汇领域，在近代外来语（此处主要指中文以外的欧洲诸国语言）出现以前，几乎全要仰仗"进口"的中文。

鲷与羊

4

猪
头
联
结
着
中
国
、
韩
国
、
冲
绳

　　来到日本后不久，我认识了一位研究生朋友，他去韩国旅游过。有一次我去他家里玩，谈到旅途趣闻，他拿出一张在韩国拍的照片给我看。

　　看到那张在韩国市场拍摄的照片，我惊叫出来。小摊贩的车子上随意地摆放着几个猪头。这种景象在日本绝对看不到（不过后来在冲绳看到过同样的景象）。

　　话说回来，位于中日之间的朝鲜半岛，自古以来就有吃肉的习惯，畜牧业也很发达。《三国志》中的《魏书·乌丸鲜卑东夷传》中有如下记载：

　　"韩在带方之南，东西以海为限，南与倭接……但衣苇，好养牛及猪。"

　　《隋书》记载，"都于平壤城"，在高句丽"有婚嫁者，取男女相悦，然即为之，男家送猪酒而已，无财聘之礼。"

　　日本和朝鲜半岛隔海相望，但是海之宽并非不可逾越。

　　实际上，汉字、中国文化、佛教以及中国和古代朝鲜诸国的技术、水稻栽培等无一不是跨越了茫茫大海传到日本的。不知为何唯独吃肉的习惯未能横渡重洋，被大和民族拒之于国门之外。所以很长一段时间以来，在日本畜牧业都不是很发达。

中国的古籍，比如《后汉书》、《三国志·魏书》中记载道：日本没有牛、马、虎、豹、羊、鹊。唐朝魏征（580-643年）的《隋书》中虽有"琉球国多豚、鸡"的记载，但是又写道："无牛、羊、骡马。"

元代脱脱（1314-1355年）所著《宋史》记载："日本国者，本倭奴国也。自以其国近日所出，故以日本为名……畜有水牛、驴、羊，多犀、象。"此处首次出现了日本有牲畜的记载。

几年前因采访的原因第一次前往冲绳（作者注：是指1993年去冲绳采访偷渡事件）。在冲绳的市场上看到摆放着的猪头，我不由得想起朋友在韩国市场拍下的相片。看到此情此景，我感受到了文化上的血脉相承。一瞬间我强烈意识到，虽然名义上冲绳是日本的一份子，但是冲绳却拥有着和日本本土不同的文化和历史。

5

流
于
形
式
的
『
庖
丁
仪
式
』

读一读日本古代关于饮食生活的书籍，日本也有在众人面前展示厨艺的习惯。

现在的日本人不太熟悉了，过去每逢年初或喜庆之事，有一项活动就是把菜板摆放好，在宾客面前展示厨艺，这也就是所谓的"庖丁仪式"。当然并非是真刀真枪地做菜，只不过是一种"解体秀"。

根据《图说江户时代饮食生活事典》介绍，这项活动一开始是皇室举行的活动，江户时期，在各个将军家里也开始举办，随后各地大名竞相举办，逐渐作为一项新年活动流传开来。

首先，把原材料 —— 鱼摆放在很大的菜板上，搬进会场。菜板旁边放几张折叠好的白纸。这些白纸叫做"菜板纸"，用来擦拭弄脏的菜刀。

一切准备好了之后，作为主角的厨师带着黑漆帽子安静地入场。然后郑重地拿起菜刀，用刀口和筷子尖在鱼身上比画以后，就开始对鱼进行解体。

操作方法根据流派的不同都有详细的规定，但有一点是不变的，那就是要比试鱼肉的切口和摆列方法哪个更漂亮。

　　这个活动在清闲、无聊的古代贵族之间人为地、短暂地流行了一段时间。毫无疑问这是一项没有多大意义的活动。所以今天这项活动已经不再时兴，被人们所忘记。

　　不过，有一点引起了我的兴趣，那就是庖丁在梁惠王面前展示的是"解牛"的技艺，而日本的"庖丁仪式"其食材的对象却是鱼。虽然有巧合的可能，不过我认为这种差异大概还是由于饮食文化的不同造成的。

　　　　　　　　　　　　　　　　　　　　　　鲷与羊

6 真希望被表扬为『游刃有余』

话题回到"游刃有余"。

刚才所说的庖丁,最后在梁惠王面前自豪地说道:"以我的技术,从没有碰到过牛身上骨肉结合处叫做'肯綮'的关键部位。"所以即使连续使用了 19 年,牛刀还跟新买的一样。

此处所提到的"肯綮"一词很难懂。

"肯"是粘连在骨头上的肉,"綮"是骨头与肉结合的部分,之后被用来指事情的关键部分。"正中肯綮"也即正中要点之意。

那么,学习外语时的"肯綮"又在何处呢?

想一想我学习日语已经有三十多年了,我用折了、用坏的"菜刀"——也就是辞典已经有很多了。让我脸红的是,现在还不敢理直气壮地说我已经跟那位庖丁一样了。

真希望有一天别人能这样夸奖我 ——"不论是用日语来表述事物,还是用日文来写文章,莫先生早已经是游刃有余了。"时至今日我依旧怀揣着这种梦想,争取早日把新的辞典翻烂。

路漫漫其修远兮,吾将上下而求索。

[主要参考文献]

日本风俗史学会编《図説江戸時代食生活事典》雄山阁出版、1978 年

樋口清之《新版　日本植物史》柴田書店、1987 年 1 月改定新版

田村勇《海の文化誌》雄山閣出版、1996 年

金子浩昌・小西正幸・佐々木清光・千葉徳爾《日本史の中の動物事典》
東京堂出版、1992 年

上野恵司編《現代中国語成語辞典》日外アソシエーツ、1983 年

加藤喜光《漢字の常識・非常識》講談社現代新書、1989 年

藤堂明保監修《中国の古典 17・倭国伝》学習研究社、1985 年

尚学図书编《国语大辞典》小学館、1981 年

金田一京助《新明解辞典》三省堂、1981 年

新村出编《広辞苑》岩波书店、1991 年

《コンサイス外来語辞典》三省堂、1979 年

羅竹風主編《漢語大詞典》漢語大詞典出版社、1992 年

何光忠等主编《中华成语大辞典》吉林文史出版社、1986 年

王明徳・王子輝《中国古代飲食》陕西人民出版社、1988 年

后 记

  在本书开头部分，我曾写到过我阅读《朝日新闻》时的一次感想。那是篇题为《昔日候鸟栖息地，今日遭遇突变》的报道，文中使用的"远浅"一词引起了我的关注。

  当时，我虽然明白"远浅"一词的意思，但是不能立刻找到确切的中文译文。为此查阅了好几本字典，我的疑惑也如实地被这些字典凸显了出来。

  对于"远浅"一词，《新日汉字典》的解释是"浅滩（离大海或河岸很远）或近海浅滩"。大概因为没有相对应的专有名词，所以才加上了"离大海或河岸很远"的注释。日本小学馆出版的《日中辞典》或许是为了想尽量把它翻译成专有名词的模样，遂将其译为"平浅滩"。

  对此，我在本书开头的文中毫不客气地指出："但是这两种译法如果反过来翻译，也就是从中文还原翻译成日文的话，就无法译回'远浅'一词了。"

  我还写道："中文辞典中没有'平浅滩'一词。这也许是一

个用于与海洋相关的专业术语，但在现代汉语规范词典《现代汉语词典》(商务印书馆出版)等工具书中却没有收录，这个词对于中国人来说也许是一个不太常用的词汇。另一方面，不管哪本中日词典都把'浅滩'翻译成了'浅瀬'。"

因此，我感叹："'远浅'在日语中是一个很普通的词汇，一旦要译成中文，却变成一件极为棘手的事。"

2015年，我应宁波市象山县有关部门的邀请前往当地考察。从广义上来说，宁波也是我的故乡。在当地引以为自豪的海边，我听到了从孩提时代起就在母亲的口中多次听说过，如今却给了我近乎醍醐灌顶效果的一个名词——"滩涂"。站在海边，看着海滩向大海深处远远地伸展过去，滩涂给了我非常直观的教育，我当即一拍大腿，兴奋而又懊恼地暗叫："这就是日文中的'远浅'呀！我怎么没有早一点联想起来呀！"

看着我兴奋的表情，陪同我前往考察的当地出身后来又在日本留学过的一位上海律师没弄明白我的心思，以为我是看到大海兴奋了。其实，我是为找到了"远浅"的中文译名而兴奋不已。"踏破铁鞋无觅处，得来全不费工夫"说的就应该是这类场景吧。

后来，我回到日本后细查了一遍。对于"滩涂"一词，《现代汉语词典》只是懒懒地告诉查阅者说："指海涂和河滩、湖滩等，通常专指海涂。"再查"海涂"，该词典说："河流入海处或海

岸附近因泥沙沉积而形成的浅海滩。低潮时，其较高部分露出海面。修筑围堤，挡住海水可以垦殖。"

而《新中日辞典》则完全照搬了《现代汉语词典》的内容，在"滩涂"条目里，也同样只是简单地告诉查阅者去查"海涂"。不过，在"海涂"这一条目里还算作了比较认真的说明："河や海の泥砂が河口近く、または海岸付近に沈積してできた砂浜。"即把"河流入海处或海岸附近因泥沙沉积而形成的浅海滩"这段说明文字大致翻译成了日文来充作说明。从《新中日辞典》的这个条目里没有出现"遠浅"这一专业词汇来看，该词典的编纂者们显然没有注意到在日本屡见不鲜的这个词汇的存在。

而作为其姐妹本的《日中辞典》也同样没有注意到海涂、滩涂这些词的存在，还出力不讨好地把"遠浅"翻译成了所谓的"平浅滩"。

我在本书开头部分中，还这样写道——

说到"远浅"，我们会想起诸如："远浅之海"、"有明之远浅"（佐贺县有明海）、北海道的"远浅站"等词汇或地名；会联想到洁白的沙滩、平静的波浪等。如果将"远浅"限定为春天和初夏的背景下的话，视野里甚至会浮现赶海、拾贝壳等风景。赶海甚至被用作描述春天的专用词汇，但也可以视为迎接夏日的风景诗吧。

我甚至从"远浅"一词中感受到了大海的气息，它飘逸到了毗邻东京湾的我家的客厅。

感谢那次宁波方面为我提供的访问象山的机会，使我领悟到了一个新道理：对中日文进行比较时，需要一个实实在在的跨国舞台来做体验式的调查，而不是仅限于通过字典、辞典等工具书来作桌面上的调查。出国已经三十多年，尽管因为工作关系几乎每个月都会回到中国国内，但是，对于离开日语教学舞台已经良久的我来说，往往被杂事所困，行色匆匆，很难静下心来细细咀嚼中日文比较时感受到的词意、文意、韵味、色彩的微妙区别。

就好比喝咖啡那样。本来期望同时也是应该在一个花香、树绿、人靓、情浓的优雅环境里细细品味我一向喜爱的夏威夷的可娜（Kena）咖啡，可是为日常工作所迫，每天穷于奔命，即使喝上一杯咖啡，也是随随便便找个路口街角的便利店或者廉价咖啡店，匆匆忙忙地叫上一杯不知什么品牌的咖啡，三口两口喝完，继续匆匆赶路，赶日程。

我应该衷心感谢上海交通大学出版社错爱上了我的这本书，意志坚定地要把她翻译成中文版。这一来自外界的强大压力，使得我不得不在行色匆匆地赶路途中收住脚步，静下心来，参与到了这本书的中文版的成书工作中来。

细心的读者一定注意到了我在叙述这本书的时候，用的是"她"这个字来表达，而不是按理应该使用的"它"字。对于作者来说，作品就是他的孩子。如果说，我的用日文写成的代表作《新华侨》（中文版为《拼着（在俄罗斯和东欧的新华侨）》）、《蛇头》（中文版为《点击蛇头：游走世界的中国人系列》）可以说成是还算争气的儿子的话，那么，题目和内容都比较轻松的这本书完全可以算作倍受溺爱的女儿了。

可以自豪地说，这本书，不，这个丫头在诞生之初，就受到了日本出版界的宠爱。迄今为止，我在日本出版了近60本书，但是，被多家日本出版机构一而再，再而三地出版过的书却不多。此书是其中的一本。

首先在初稿阶段，日本的语言专业杂志《月刊日本语》就从1977年起连载发表。1年后，我将连载文章结集成书，由日本老字号出版社河出书房新社于1998年3月出版，书名为《中国人から見た不思議な日本語》。2002年，日本经济新闻社又以"日经商务文库（日経ビジネス文庫）"的形式，将本书作为文库版再次推出。7年之后，2009年，海龙社的社长夫妇都看中这本书，改名为《鯛と羊》，使这本书在市场上再次夺回了青春朝气。又一个7年的岁月匆匆而过，这次是上海交通大学出版社送来了选中此书出版中文版的喜讯，使我对我家的这位恬静寡言的丫头刮

目相看。

　　然而，即便我下决心参与到此书的中文版成书作业中去，毕竟日常工作已经由不得我拿出大块的时间来应对。感谢上海交通大学出版社帮我找来上海理工大学的杨本明老师来担任翻译工作。我很同情和理解年轻的杨本明老师的处境和心情，为我这样一个所谓的前辈做翻译工作绝不是一桩很舒服很轻松的活。可是，他接受了下来了，而且在我的折磨下也活了下来。看着他顽强地活下来，我也为他欣慰，同时也非常感谢他减轻了我的许多工作负担。

　　我还要感谢上海交通大学出版社的赵斌玮编辑，他耐心地等待杨本明老师姗姗来迟地交出翻译稿，再以更大的耐心等待我交出校对稿，然后继续以不变的耐心等待我拿出早就答应交付的为中文版的出版而需追加的后记。顺便我需要强调一句，为了此书的出版，还有校译人员等许多工作人员付出了辛勤的汗水。

　　对于年轻时曾梦想做一名诗人的我来说，和日语的相逢完全是一场偶然的邂逅。然而，这场和日语的不期而遇，使我与日语结缘已经四十多年了。正如书中所说，当我开始专业学习日语，特别是在上海外国语大学站上讲坛开始教日语之后，我被日语中所潜藏的农耕文化的芳香和海洋文化的基因所吸引，通过对中日两国语言的比较，深化了我对日本社会和日本人的理解，也加深

了对祖国中国和母语中文的热爱。语言所特有的魔力让我深陷其中，不能自拔，却又乐在其中，乐不思蜀。

移居日本，完成硕士、博士课程，再次走出大学学堂成为社会人后，我彻底地离开了日语教学舞台。然而，当我在20世纪80年代末开始用日文写作后，可以说我却因此而更深地走进了日文世界。如今当我在日常工作之余，继续遨游在日语的海洋，品味语言的芳香，同时探索日文和海洋文化的关系，挖掘潜藏于中文里的畜牧文化基因时，更加感受到了熟悉和了解2门语言的幸福。在日常生活当中，对日文和中文进行比较，享受探索所不时带来的乐趣已经悄然成为我的生活习惯。

但是，前面说到的宁波象山行给我敲响了需要防止自我陶醉、浅尝辄止的警钟。从这个意义上讲，本书的出版和发行，将把我带进一个新的学习、钻研日文和中文的境地。我需要和更多的朋友一起切磋、推敲、研讨许许多多我们大家都感兴趣的语言上、文化上、风土风俗风情上、甚至日常生活习惯上的各种问题、课题。

古人说过："近乡情更怯，不敢问来人。"如今的我就有着这样一种心情。但是，随着本书的出版以及她进入更多的读者的手中，我就必须得站出来，接受评判，应对交流，汲取新知识。可以说，这是我在中国国内重开出版我的作品之路的一个新尝试，

后 记 /

希望能够获得成功，为今后更多的作品返回故乡蹚出一条路子来，也希望能和上海交通大学出版社有更多的愉快合作，一起分享收获知识硕果的快乐。

感恩大家，感恩时代。我愿和大家一起学习，学习，再学习！

莫邦富

2016 年 11 月 20 日

鲷与羊